文化遗产推动城市可持续发展

THE ROLE OF CULTURAL HERITAGE FOR SUSTAINABLE URBAN DEVELOPMENT

东亚、东南亚和太平洋地区研究

EAST ASIA, SOUTHEAST ASIA AND THE PACIFIC REGION

周俭，[荷]吴瑞梵(Ron van Oers)，[罗]克里斯蒂娜·亚曼迪(Cristina Iamandi)，[罗]萨比娜·乔博阿特(Sabina Cioboata) 著

同濟大學出版社
TONGJI UNIVERSITY PRESS

前言

东亚、东南亚和太平洋地区内各个国家之间社会经济和政治背景高度复杂，体现在各国所处的不同发展阶段、呈现的不同文化（语言、宗教和传统等）背景以及城市发展模式。这些因素不同程度地加大了在该地区开展研究活动的难度，特别是数据的收集以及需要当地政府和专家确认这些数据的有效性，更为困难的是把这些调研结果进行整合。

本书对在一定范围的国际专家和专业机构网络中汲取的信息进行分析，力图整体呈现所研究地区文化和遗产与城市发展的多样性和地方性特征。作为首次尝试，虽然有遗漏，其中的案例和举例也并不都具有典型性，但依然希望能够对读者了解和研究地区遗产特征、城市保护和城市更新的政策机制以及实践方法有参考价值，为读者进行城市保护研究提供可比较的背景和借鉴。

致谢

本书内容基于2015年联合国教科文组织二类中心“亚太地区世界遗产培训与研究中心”（上海）(WHITRAP， Shanghai)为联合国教科文组织《文化与城市可持续发展全球报告》(*UNESCO Global Report on Culture and Sustainable Urban Development*)所撰写的《东亚、东南亚和太平洋地区文化推动城市可持续发展地区报告》。在该研究报告撰写过程中，研究团队获得来自亚太地区各国际合作方的广泛支持，在此谨向以下国际机构和专家致以感谢：澳大利亚巴拉瑞特市遗产战略协调员苏珊•法雅德(Susan Fayad)女士，印度尼西亚雅加达特里沙克蒂大学讲师普妥•维嘉央托（Punto Wijayanto），缅甸仰光“遗产工作坊”项目主管埃斯特•范•斯泰克伦博格（Ester van Steekelenburg），缅甸曼德勒科技大学建筑系系主任、教授苏苏（Su Su），缅甸仰光城市开发委员会城市规划部门主管托昂（Toe Aung）博士，新加坡创新型城市中心高级研究员李光辉，世界银行高级顾问袁碧娜（Belina Yuen）博士，联合国教科文组织韩国全委会文化交流部高级项目官员金智洪(Jihon Kim)女士，联合国教科文组织巴黎总部亚太部门（小岛屿发展中国家）项目官员原口杏子（Sachiko Haraguch）女士。

目录

前言　003
致谢　005

上篇：总体情况　009

1
综述　011

2
城市保护和城市更新：概况、挑战和机遇　015
2.1　城市遗产的主要特征　015
2.2　城市保护共同面临的主要威胁　021

3
推动城市保护和城市更新的法律和政策体制　027
3.1　法律框架　027
3.2　政策和项目　032
3.3　治理机制　034

4
文化对城市更新和城市发展的促进作用　043
4.1　复兴城市地区　043
4.2　提升公共空间品质　047
4.3　强化城市身份和品牌　050
4.4　促进经济发展　053

5
文化对社会凝聚力的促进作用　061
5.1　推动地方社区认同和尊重文化身份　061
5.2　培育社区主导的实践　063
5.3　“绅士化”现象的应对和社会混合性的保存　067
5.4　文化作为推动对话、社会凝聚力的手段　068
5.5　博物馆在推动城市发展过程中的作用　070

6
总结　075
6.1　基于地方性的城市遗产保护　075
6.2　基于国家、地方、社区合作的城市遗产保护　075
6.3　基于文化遗产的可持续旅游与基于传统文化的创意产业　076
6.4　基于传统文化和城市遗产的竞争力　076
6.5　基于合作的能力建设　077
参考文献　078

下篇：案例研究　093

7
东亚地区　095
7.1　韩国：首尔北村（Bukchon, Seoul, Republic of Korea）　095
7.2　日本：京都（Kyoto, Japan）　101
7.3　中国：上海（Shanghai, China）　111

8
东南亚地区　119
8.1　马来西亚：乔治城（Georgetown, Malaysia）　119
8.2　越南：会安（Hoi An,Vietnam）　128
8.3　老挝：琅勃拉邦（Luang Prabang, Lao PDR）　135
8.4　缅甸：仰光（Yangon,Myanmar）　145

9
太平洋地区　153
9.1　澳大利亚：巴拉瑞特（Ballarat, Australia）　153

附录　165
附录 A　主要法律法规　165
附录 B　图片来源　171

上篇

总体情况

1

1
综述

本书研究涵盖的地区涉及东亚、东南亚和太平洋地区三个次区域内的 31 个国家，分别为东亚：中华人民共和国（中国）、朝鲜民主主义人民共和国（朝鲜）、日本、蒙古和大韩民国（韩国）；东南亚：文莱达鲁萨兰国（文莱）、柬埔寨、印度尼西亚、老挝人民民主共和国（老挝）、马来西亚、缅甸、菲律宾、新加坡、泰国、东帝汶和越南；太平洋地区：澳大利亚、新西兰和小岛屿发展中国家，包括：库克群岛、斐济、基里巴斯、马绍尔群岛、密克罗尼西亚联邦、瑙鲁、纽埃、帕劳、巴布亚新几内亚、萨摩亚、所罗门群岛、汤加和瓦努阿图。为更真实地体现出各国的地方性特征，研究从地区和国家两个层面进行。

在城市遗产方面，该地区拥有世界上最古老灿烂的文明，这些文明的形成和发展都以一系列复杂的历史因素为特征。史前聚落、帝国统治、殖民时期和剧烈的政治经济变革等因素都对其历史文化产生了深刻的影响。地区内的城市区域，既包括依然保留着历史地区和历史古迹的特大城市，如北京、上海、东京等这些世界上最为发达的城市，同时又拥有遍布各处的小型历史城镇。这一地区保留了众多的历史城市类型和传统的社会形态。随着当今创意产业和地区旅游业的兴起，这些区域重新焕发出生机。但和世界其他地区一样，城市发展的压力、资金短缺、环境问题、缺失有效的城市规划和保护手段等问题都对城市遗产的完整性造成威胁，甚至可能抑制其未来的发展和复兴的潜力。

整个地区几乎都面临法律框架不充分以及实施层面的问题。除少数国家外，无论在观念上还是在法律和实践层面，大部分国家都才刚刚开始把城市遗产保护和城市文化作为一项独立的工作来对待。

由于各国不同的社会经济和政治背景，各自所实施的法律框架、政策、项目计划、工具和治理机制也往往处于不同的发展阶段。整个地区内，既有如澳大利亚、新西兰、中国、日本、韩国和新加坡这样已经形成全面的城市保护政策与机制的国家，也有像太平洋岛国这样，现阶段还需要依靠国际机构协助制定战略和计划的国家。

尽管东亚、东南亚和太平洋地区的城市发展已达到相当规模，其整体的城市发展和城市保护的法律机制尚未健全且有较大的提升空间，但无数围绕文化和遗产展开的项目已成为这一地区城市更新和社会经济发展的重要推动力。以城市保护和文化提升为核心开展的历史地区更新项目带来了基础设施的改善，也极大提升了地区内众多城市的生活质量。绝大多数国家，因为实施了立足于遗产的更新项目，同时这些项目对旅游等行业产生了积极的影响，使得当地的历史城镇得到繁荣和发展。

随着这一地区逐渐成为创新、设计、艺术、建筑、行为艺术、美食和时尚等行业的国际引领者，文化和创意产业也成为这里城市经济发展的另一个重要推动因素（尤其在东亚地区，如日本、中国和韩国）。

在文化和遗产如何对社会凝聚力和社区就业等产生影响方面，则表现得尤为复杂。一方面，由于各国错综复杂的社会经济背景，治理机制、社区参与、绅士化进程以及赋权等问题依然是地区内激烈争论的热点话题；另一方面，几乎地区内的所有国家都存在大量的少数民族、宗教和社会团体，他们彼此间正通过文化形成一种内聚的对话与合作关系，同时地方社区也通过一系列围绕遗产和文化展开的行动来为社区谋发展。

2

2
城市保护和城市更新：概况、挑战和机遇

城市历经长期的发展成为我们今天所看到的模样，但许多城市依然保持着历史性的遗产特征，这些特征对当代城市形态的塑造起着举足轻重的作用，应当得到保护并传承下去。

2.1 城市遗产的主要特征

这一地区的城市形态极为多样，城市遗产和城市文化是地区丰富历史的折射，这些遗产和文化历经上百年的演变，在当下以各种类型的考古遗址和各种用途的历史建筑群以及古迹（宗教、行政、居住、商业等）展现出来，还有许多被完好保存的城墙所环绕的历史中心区域，构成了独特的城市文化景观。

同时，它们与地区多样化的非物质遗产相互交织，展现出东亚、东南亚和太平洋地区，以各类语言、宗教、传统、信仰和习俗为表现的多文化的特质。近几年，作为创意、创新的代名词，现代文化产业的兴起开启了对文化和艺术的新诠释（包括从艺术品、建筑、设计，到剧院、音乐、舞蹈、时尚、美食等），使该地区的文化进一步丰富繁荣。

此外值得一提的是，在联合国教科文组织世界遗产名录中，约有 30 余处世界遗产地位于该地区内的城镇区域，其类型涵盖了历史城镇、现代城市范围内的历史中心或历史街区、单独的遗产地和单体纪念物，以及穿越城市地区且覆盖地理范围更为广泛的线型文化遗产（如丝绸之路和中国的大运河）。

2.1.1 东亚

东亚地区包括中国、日本、蒙古、韩国和朝鲜。这里是世界最古老和最灿烂文明的摇篮，经历了史前聚居时期、朝代更迭、封建统治、外国占领以及复杂的不同社会政治背景的现代历史时期，并在近些年经历了快速的经济发展。

历史城镇遍布东亚地区，现在它们一般都是各国最主要的旅游目的地，也是国家的文化象征和历史保护的核心。中国的丽江古城和平遥古城便是这方面的突出案例，两地均是中国古城镇、地方传统建筑群和传统城镇形态方面的杰出代表，展现了城墙、街道、民居、商铺和庙宇丰富的形态格局，保持了 500 多年以来发展所形成的城镇历史风貌和城市规划特征。日本的古都奈良和京都都被完好地保护下来，主要由木制的宗教建筑、园林、行政议事场所和乡土建筑组成，是精致和细腻的日式规制和设计的见证，至今这些建筑内部都依然有人居住。除了保存完好的建筑和城市特征，通过延续至今的各类传统活动，许多非物质文化元素也得以保留。中国澳门则反映了欧洲曾经的殖民式统治在东亚地区留下的痕迹，这座曾被葡萄牙占领的城市见证了 16 世纪以来东西方在文化、建筑、审美和社会价值观方面的融合，其历史中心被完好地保留下来，并被严格的城市规划法规继续保护。

东亚地区的许多城市都拥有不同时代且风格和文化迥异的历史遗迹。在韩国，建于 18 世纪的华城（Hwaseong Fortress）围绕水原市的中心而建，几乎完好地保存了下来；庆州（Gyeongju）的历史城区则由一系列包括古塔、寺庙、雕像和浮雕等形式在内的韩国佛教艺术元素构成。两处遗产地都与四周拔地而起的现代都市和谐共存。类似的还有朝鲜的开城（Kaesong），由一系列宫殿、墓葬、城墙组成的古迹，也是朝鲜 10—14 世纪高丽王朝的都城所在地。在中国，苏州园林、北京的明清故宫以及西藏的布达拉宫都是其历史上强大的文化、政治和宗教权威的见证；还有各类考古遗址，如西安的秦始皇陵及兵马俑，也在现代化的城市中得到精心保护。除了突出的审美价值和历史特征，某些遗产，如日本的广岛和平纪念碑，也作为强有力的国家和国际象征，见证了历史上某个重要事件的发生。因此这些遗产必须用复杂的方法进行展示讲解，并使之融入现代的城市肌理（图 2-1）。

2.1.2 东南亚

东南亚地区的文化具有高度的多样性，是原住民文化、西方文化、印度文化，以及印支半岛（柬埔寨、老挝、泰国、缅甸）、华裔（新加坡、菲律宾、越南）和伊斯兰（印尼、马来西亚、文莱）文化的混合。因此，在该地区内保存下来的遗产主要是多元文化以及东西文化间复杂交流的结果，其形成过程还经历了漫长的殖民统治时期。这些交流过程集结为各种物质和非物质的元素，形成世界上某些最为独特的城镇景观，各种文化、宗教和传统在此共存并适时地转化。

a

b

c

d

a　中国丽江大研古城
b　中国平遥古城
c　日本京都传统街道
d　中国苏州古典园林退思园
图 2-1　东亚历史遗产

马六甲海峡边的马六甲（Melaka）和乔治城（George Town）是两处具有多元文化特征的历史城市，历史上曾是连接东西世界，包括印度、中国、马来和欧洲文化的贸易港口。两座城市都拥有各类不同风格的建筑、少数族裔街区、语言、传统和宗教信仰，并一直延续至今。与之类似，菲律宾的维甘古城（Vigan）也是亚洲保存最为完好的西班牙殖民城镇，巴洛克教堂（Baroque Churches，其中一个在马尼拉）生动地讲述着当地建筑与西方建筑风格及传统相互融合的故事。作为欧洲前殖民地的老挝、越南和柬埔寨，也都保留着众多随着东西世界交汇而产生的遗产。其中最为典型的世界遗产代表就是老挝的琅勃拉邦（Luang Prabang）和越南的会安（Hoi An），这两处城镇内部的传统聚落肌理都被完好地保存下来，在风格和技术上与殖民城市形态发生着有趣的融合。东南亚地区内的巨型城市，如新加坡、曼谷和雅加达，其现代城区和历史地区间的关系则更为复杂，特别体现在散落在城市各处的历史地标、以别墅和商铺为主的历史街区及其与现代化城区的交汇边界处（图 2-2）。

a

b

c

d

a　马六甲城市河岸风光

b　马来西亚槟城乔治城亚齐街清真寺

c　菲律宾维甘古城巴洛克教堂

d　越南会安河岸传统街道

e　老挝琅勃拉邦的寺庙

f　泰国曼谷现代化城市中的大皇宫

g　雅加达新旧城市交界天际线

图 2-2　东南亚多元文化遗产

e

f

g

a

b

c

东南亚地区的宗教历史建筑不但塑造了城市面貌，也是该地区遗产的一大突出特征，展示出地区内丰富的宗教信仰，包括佛教、伊斯兰教、基督教和印度教等。在泰国、柬埔寨、老挝、缅甸、新加坡和越南的城市地区，庙宇、古塔或类似的建筑是这些国家佛教传统发展历史的见证。而在文莱、印尼、马来西亚和菲律宾南部等以伊斯兰教为主的地区，则出现了璀璨的伊斯兰建筑群。如文莱首都斯里巴加湾的奥玛阿里清真寺（Sultan Omar Ali Saifuddien Mosque）就是现代伊斯兰建筑的杰出代表。在菲律宾、印尼东部、马来西亚东部和东帝汶等基督教为主的国家和地区，众多教堂不断提醒着世人曾处于西方统治下的那些岁月。散布在菲律宾的马尼拉、伊洛伊洛省、北伊罗戈省和南伊罗戈省的巴洛克教堂已被列为世界遗产，其价值也得到了认可（图 2-3）。

a　泰国大城古塔群

b　文莱斯里巴加湾的奥玛阿里清真寺

c　菲律宾巴洛克教堂

图 2-3　东南亚宗教历史建筑

2.1.3 太平洋地区

包括澳大利亚、新西兰和小岛屿发展中国家在内的太平洋地区，也经历了不同的历史发展时期以及本土文化和殖民文化间的碰撞。澳大利亚和新西兰都是类型独特的聚居地的代表，其城镇从殖民时期发展而来，如今保留着原住民文化和欧洲文化的混合特征，主要体现为各类乡土建筑和纪念物，以及组成独特文化景观的自然元素和非物质文化的特征。在 18 世纪晚期遭受欧洲殖民以前，澳大利亚经历了漫长的原住民时期，原住民社会并没有形成固定的聚居地。在澳大利亚，绝大多数的城市开发都永久地改变了原住民的居住地，而这些城市发展则主要受到美国和西欧城市规划运动的影响。与之相似，新西兰特有的遗产也往往产生于毛利和欧洲文化交汇影响下的历史聚落，类型极其广泛，包括从考古遗址、构成历史风貌和历史街区的建筑、文化景观，到对毛利人社区而言具有重要意义的场所。此外，随着高等教育的普及和城市的扩张，始于 20 世纪 60 年代的城市文化成为社会的主流。

a

b

c

d

a　澳大利亚墨尔本中央站

b　新西兰毛利人在丛林中雕刻的树干

c　新西兰皇后小镇

d　斐济

图 2-4　太平洋地区的文化遗产

太平洋小岛屿发展中国家也有类似复杂的外国殖民历史，原住民文化和传统至今依然保持着活力，同时也是日常生活的内容。由于城市发展速度较为缓慢，研究地区的自然遗产数量远远超过历史城镇和港口，而后者主要是历史上外国殖民者开展商业活动的中心，并形成独特的文化景观（图 2-4）。

2.1.4 文化创意产业

东亚、东南亚和太平洋地区也因多样的文化和创意产业而闻名，这里有着世界上最为活跃和创新的城市。其中最突出的包括首尔（韩国）、上海（中国）和新加坡，它们在创新方面各有千秋。三座城市都有长期文化融合的传统，并以各种表现形式在现代城市文化中重现，如艺术、设计、建筑、影院、音乐、剧院、美食、时尚等。三座城市本身所具有的独特文化都与创造力息息相关，对传统、信仰和习俗等非物质遗产进行了新的诠释。众多文化建筑成为创新和创造力的发源地，包括剧院、音乐厅、艺术博物馆、历史博物馆、展示馆、国家剧院、美术馆等。过去的工业区被用作文化场地，历史和当代的城市空间则成为创造力和社会经济发展的核心场所。伴随着创意产业带来的高就业率，以及相关技术人才的发展，我们可以看到创意产业在研究地区城市更新过程中所具有的重要作用（图 2-5）。

图 2-5　上海 M50 创意产业园

2.2 城市保护共同面临的主要威胁

快速全球化以及随之而来的变革给全世界的遗产保护带来了重要的转折点，我们必须全力应对出现的各种挑战。城市遗产在面临城市化和城市发展的压力时显得极为脆弱，尤其还要面对由现代化发展、人口增长、土地短缺和土地再开发、旅游业大规模发展、气候变化、城市贫困等带来的压力。亚太地区作为全世界城市化最快的地区之一，在管理遗产保护方面做出了巨大的努力，也取得了进步，但对这一地区的许多国家而言，这却是直到新近才提出的概念。

该地区内文化和遗产正面临一系列挑战，这些挑战威胁着它们的完整性甚至它们的生存环境，也给国家带来发展和保护战略方面的全面考验。多数国家的城市遗产所遭受的威胁都极为相似，但由于不同地区社会经济和政治状况的差异，这些威胁所影响的层面和具体情况会有所不同。通过对东亚、东南亚和太平洋地区遗产保护所面临的困境进行分析，可以发现，开发压力、资金缺乏、环境威胁以及规划和保护方法的不连贯是目前该地区面临的最主要问题。

2.2.1 发展的压力

在此地区，快速但不受约束的城市开发是城市地区遗产保护以及相关非物质遗产保护所面临的最大威胁。历史城市的经济和社会地位正随着城市化和全球化进程而改变，如今城市的定位与发展往往受制于全球力量的导向，如旅游业、房地产业等。总体上说，由于人口的涌入、过高的城市密度、标准化和单一化的现代开发、公共空间和设施的不足、社会分异、城市贫困和资源的不可持续利用等现象的发生，城市发展若不经过慎重的规划并有序地实施，就会造成城市品质的下降。所有这些因素都对城市的物质和非物质遗产及其保护造成威胁，特别是城市文化和城市特征的维护。这也成为我们不得不面对的重大挑战。同时，全球化作为该地区当前塑造城市最强大的力量，也带来城市的过度商业化，城市功能和城市肌理的真实性被那些生造的“假古董”所取代，进而丢掉了自身独特的文化空间和场所。另外，城市地区也成为吸引大众旅游的磁石，这也是深刻影响遗产完整性和真实性的另一个因素。尽管对发展中国家而言，旅游业可以带来良好的发展机遇，但不可持续的旅游发展方式往往给当地价值和日常生活带来负面影响。

每座城市各自的发展模式以及全球化的加速和现代化需求的增加，都对由遗产所塑造的地方文化和城市景观的完整性产生直接的影响。快速但无序的城市化往往导致城市遗产的衰败和破坏，也改变着社区的价值，进而影响着社区的文化认同和城市的场所感。东亚、东南亚和太平洋地区的城市正逐渐变得千城一面，丧失了自己的个性并难以区分,其中最大的威胁是由拆迁和改造带来的城市肌理瓦解。此外，亚洲地区不断加剧的城市贫困和脆弱的社会经济环境也迫使房主无法很容易地对自己的建筑进行修复和维护，这些历史建筑的保护需要耗费大量资金。地区内的多数城市都存在土地和建筑所有权方面的问题，各利益相关方包括宗教团体、政府和原住民社区，对自身在遗产保护方面的权利和义务也存在争论。

2.2.2 资金的缺乏

鉴于该地区内的多数国家（主要是太平洋岛国，其次为东南亚和东亚）都处于发展过程中，资金缺乏也成为遗产保护方面的主要挑战。如上文所述，遗产建筑的维护需要高额的资金成本，特定社会背景下的知识和技能的欠缺也让地方社区无法有效保护自己的建筑遗产。不幸的是，与遗产保护相关的资金来源机制往往无法长远地维持，也无法保障遗产的长期保护。

在这种情境下，城市遗产的保护高度依赖国家或地方政府的资金援助项目，也常常通过合作和基金捐款的形式获得外部支持。许多国家尚未建立起有效的融资机制和资金援助计划，尤其是针对城市遗产保护的机制。即便存在这样的机制和项目，资金来源往往也太不稳定或者不可持续，阻碍了城市遗产保护的长期进行。此外，由于缺乏专业的知识和培训，还常常无法实现资金的有效分配和利用。总体而言，国家公共资金在文化方面的投入还较少，因此难以获取相应的资金来源。这些问题导致了这一地区城市遗产保护的不连贯性，甚至可能完全没有这类的计划。

2.2.3 规划和保护思路与方法的不连贯性

不连贯、不恰当的城市规划和保护思路与方法是威胁城市遗产的另一大因素。首先，该地区遇到的挑战之一是城市规划和发展机制与文化遗产保护间关联性的缺失，既在法律框架层面，也在现实实践层面。对多数发展中国家的城市而言，文化遗产保护尚未被纳入城市发展战略之中，城市遗产保护的概念还只是刚刚起步和逐渐成形。

因此，专门针对城市遗产问题的法律机制尚不健全，无法在快速变化的社会环境中对城市遗产的保护和价值再现起到保障作用。同时，对可接受的城市开发的度的界定往往过于保守，对诸如修复、迁移、拆除、复建、重建等概念和方法的界定也模糊不清。即便在已经建立遗产名录机制的国家，城市遗产也处于弱势状态，而未被列入名录的遗产往往会遭到全然忽视，保护层级较低的遗产也无法得到充分的保护。薄弱的监督机制，加上法律条款的宽泛性，使有关部门更加难以管控和阻止破坏城市历史肌理的行为。

除了规划和法律机制的问题，东亚、东南亚和太平洋地区还因为缺乏相应的专业知识，导致了城市遗产保护和管理方面的错误态度和认知。该地区许多国家和城市仍在制定更多整体性的保护方法，以确保对遗产价值的认知不再仅仅局限于物质和经济层面。如今，依然会有很多把历史街区当作历史建筑进行保护的情况，或者认为古迹的重要性凌驾于一般的乡土建筑之上，这些观念都导致不当的城市遗产保护方法，甚至是行为。

最后，专业知识、资源和研究的缺乏都可能引发不恰当的保护决策。因此，必须扩大这一地区的国内和国际合作网络，在所有利益相关方之间建立合作关系，在地方政府、城市开发商、遗产从业人员和当地社区间架起桥梁。为了确保城市遗产保护行动的可持续性，还必须努力改变精英化的保护模式，转向把公众参与、教育、意识提升和社区发展等置于优先项的保护思路。

2.2.4 环境的威胁

环境因素也是这一地区遗产所面临的威胁之一。气候变化等全球现象，加之缺乏可持续发展考虑的城市发展、地理区位因素，以及一些城市规划问题的催化，环境因素便可能对遗产的完整性产生影响。在很多地方，城市遗产的衰败常常由虫害、植被或者不断恶化的污染等因素导致，加上资金和知识的缺乏，最终引发不当的修复和预防措施，给历史肌理带来损害。对亚洲城市而言，遗产面临的最大威胁还有诸如火灾、洪水、地震、台风、海啸等自然灾害。这些自然灾害已经给城市遗产带来不可挽回的损失，并还可能继续。由于灾害预防和管理机制的不完善，东亚、东南亚和太平洋地区的城市变得尤为脆弱。

3

3
推动城市保护和城市更新的法律和政策体制

遗产的保护和管理高度依赖法律的执行，法律的约束力和使用层面的有效性成为其中的关键问题。

3.1 法律框架

本节旨在对城市保护和城市更新有影响的国家和地区层面的现有相关法律进行描述。

3.1.1 文化遗产保护的总体法律框架

文化遗产保护的法律体制问题已成为东亚、东南亚和太平洋地区亟待解决的问题之一。在对该地区的法律体制进行分析时，有两个方面极为重要，即法律的充分性以及在国家层面的执行力。法律体系是否充分和完善一直是东亚、东南亚和太平洋地区颇具争议的问题，国际社会也在努力探索帮助该地区的一些国家制定能够具体应对该地区特殊情况的法律体系的有效途径。除澳大利亚和新西兰以外，法律的执行是一个普遍问题，在多数国家，执行法律并确保社会各个层面都遵守法律尚有困难。尽管如此，在该地区的国家仍然需要建立和强化严格的法律框架和强有力的制度支持来保护文化遗产，并且确保制定出能够有效执行法律、政策和规划的相关机制。

在该地区多数国家都已经建立起文化遗产保护的法律体系，主要以历史建筑、历史遗址、历史城市、文化景观和非物质文化为对象。

鉴于每个国家的不同国情，这些旨在保护各国遗产的法律机制在具体的保护细则和执行机制方面也各有差异。总体来看，各国的法律机制主要可以概括为以下三类。

第一类国家包括：澳大利亚、新西兰、东亚国家（中国、日本和韩国），以及东南亚部分国家（新加坡、马来西亚、印尼、菲律宾和泰国）。这些国家早在 1980 年以前就开始重视遗产保护，并建立起全面的文化遗产保护法律体系。尤其在日本、澳大利亚、新西兰以及东南亚的一些发达国家，甚至在第二次世界大战以前就已经采用或者借鉴了西方的一些保护概念和机制，但其余国家则是在第二次世界大战以后才开始重视城市遗产保护的。经过长时间的努力，这些国家的法律体系已经相当完善和复杂，涵盖了针对不同遗产类别的一系列法律、法规和指南。这些国家的法律体系的主要特征是本国的保护理念和思想起了重要的引导作用。例如，在澳大利亚，《巴拉宪章》（Burra Charter）在遗产的管理和立法方面发挥了重要作用，对本国的遗产保护方法做出了指导，并制定了多样的阐释工具和实践方法。与之类似，新西兰 2014 年的《新西兰文化遗产法案》（*Heritage New Zealand Pouhere Taonga Act*），以及《新西兰 ICOMOS 宪章》（*ICOMOS New Zealand Charter*），也针对自身的独特国情制定了相应的法律制度，并认可了与原住民社会的基本关系。2003 年编写的《印尼遗产保护宪章》（*Indonesia Charter for Heritage Conservation*）则对印尼国家的法律体系具有重要影响。还有日本，作为全世界遗产保护法律最完善的国家之一，也建立起一套完整的体系，从本国独特的遗产保护和管理方法出发界定了一系列受保护的遗产对象，包括物质文化遗产（可移动和不可移动文物）、非物质文化遗产、纪念物、文化景观、传统建筑群、考古遗址，还有保护技术、材料和民间文物等。

在上述国家，多数国家层面的法律都囊括了众多的文化遗产保护手段，如制定详细的保护法规，依据分类制定国家名录，遗产的管理、融资、惩罚措施，各方的权利义务，等等。因此，各国的法律基础其实是极为相似的。另一个现象是遗产保护部门与其他部门（如旅游），在法律和管理层面都有所交叉。

第二类国家包括：蒙古、越南、柬埔寨、老挝、缅甸和朝鲜。与第一类国家相比，这些国家的遗产保护起步相对较晚。20 世纪 80 年代以后，这些国家的遗产保护成为突出问题，当时的关注点主要在文物、考古遗址和古迹这些被认为有突出重要性的遗产类别上。此外，与第一类国家相比，这些国家的法律体系目前也尚在发展完善的过程中，专门的城市遗产保护也是最近才成为新的法律概念。

第三类国家包括：太平洋岛国和东帝汶，这些国家的文化遗产保护是近 15 年内才刚刚起步的，主要依靠联合国教科文组织和其他国际机构的帮助，因此仍处于初级阶段。加之这些国家当前所处的城市化发展阶段，很多国家其实还并没有开展城市遗产保护，也没有法律对此进行清晰的界定。

3.1.2 推动城市遗产保护的法律机制

在该地区内，多数国家尚未在国家层面的法律机制或者实践中清晰界定城市遗产保护的概念。但城市保护，其实已经通过城市范围内的遗产地、文化景观和历史建筑等概念，纳入法律体系中。此外，为了推动把“城市遗产”作为一个单独的概念收入国家法律，各国也做了不少努力。尤其是东南亚国家，一直在努力推动城市遗产保护法律体系的完善。

与此同时，也有一些国家已经建立起全面的跨部门的法律机制。例如日本、韩国和中国以及新加坡，都通过制定专门的法律来解决历史城市和城市地区的保护问题，这些法律也成为这些国家文化遗产保护整体法律框架内的重要组成部分。

案例 1：三个东亚国家的城市保护体系

日本： 首部关于城市保护的法律可以追溯到 1966 年的《古都保护法》（*Ancient Capital Protection Law*），覆盖京都、奈良、镰仓和奈良及下属历史城镇在内的八座城市。这部法律对历史景观的保护，特别是居住地区的保护做了严格规定。作为 20 世纪 60—70 年代保护运动的产物，出现了 1975 年的《文物保护法》（*Law for the Protection of Cultural Properties*）并引入“传统建筑群保护地区”（Preservation Districts for Groups of Traditional Buildings）的概念。到了近期，2008 年的《历史城市保护和修复法案》（*Historic City Preservation and Restoration Act*）也涉及城市发展和文化遗产保护，并运用整体性的方法将涉及的城市文化遗产、自然遗产以及非物质文化遗产全部统筹到一起。

韩国： 2011 年，韩国通过《古城保护和提升特别法案》（*Special Act On the Preservation and Promotion Of Ancient Cities*），通过改善居住环境和保护城市的物质和非物质历史资源来推动历史城市聚居区的价值再现。这部法案以颁布总统令的形式，对韩国重要的政治和文化中心实施保护。2012 年，韩国又修订了《文化遗产保护法案》（*Cultural Heritage Protection Act*）以及《土地和领土规划体系》（*Land and Territory Planning System*）等法规，对 2011 年所通过的法案规定以外的古城的保护进行管理。

中国： 1982 年，中国提出“国家历史文化名城”的概念，并以此为基础建立起“历史文化名城 - 历史文化街区和历史建筑”的城市保护制度框架。2002 年修订的《文物保护法》将历史文化街区纳入其中。2008 年，国家通过了保护历史城市、历史古镇和古村的《历史文化名城名镇名村保护条例》。

案例 2：新加坡的独特国情

城市国家新加坡具有独一无二的社会、经济和地缘政治环境，其国家的城市化率达到 100%，因此其关于保护城市遗产的法律体系也十分独特。作为历史的转折点，1989 年的《城市重建局法案》（*Urban Redevelopment Authority Act*）把“保护”纳入城市规划的范畴内，同时把划定和管理保护区域的权力交给主管国家城市开发和保护的机构城市重建局，并由其统一实施城市再开发项目。

3.1.3 推动城市更新的国家法律

建设国家层面的城市更新法律体系往往与各国的城市化进程紧密相关，依据不同的社会经济和政治背景，各国和各个次区域的方法和机制也有所不同。应当注意的是，各国的独特国情意味着各国对城市改造和城市更新持有不同的观念、方法和定义，换言之，该地区内的不同国家对城市更新的理解都各不相同。

地区内较为发达的国家，城市化发展水平较高，城市更新也已经持续了半个多世纪之久。澳大利亚和新西兰，作为城市化率高的发达国家，其政策重心已从城市更新转向城市的可持续发展，并被纳入国家法律制度内，涵盖诸如可持续交通、生态效率、资源利用、防灾减灾等一系列问题。地区内的其他发达国家，仍把重点放在城市更新上，主要通过制定城市发展的相关政策和法律，调整城市规划体系来确立城市更新在国家政策中的重要地位。

案例 3：韩国国家法律框架内的城市更新法规

韩国 1976 年的《城市再开发法案》（*Urban Redevelopment Act*）首次纳入城市更新战略，这部法案也成为后来最基本的城市规划政策之一。进入 21 世纪以后，其他法律纷纷出现，包括 2002 年的《城市地区和住宅条件维护和改善法案》（*Act on Maintenance and Improvement of Urban Areas and Dwelling Conditions for Residents*），将城市再开发、重建和居住地区改善融合在一起。2005 年的《提升城市更新特别法案》（*Special Act on the Promotion of Urban Renewal*），推动了地方和国家层面的城市更新项目。2010 年起，国家把城市规划的重心从物质空间的再开发转向以复兴社会经济和环境为基础的可持续更新模式。之后，又通过了一系列法律，包括《支持和动员城市更新特别法案》（*Special Act on the Support and Activation of Urban Regeneration*，*2012*）、《推动和支持城市更新特别法案》（*Special Act on the Promotion and Support of Urban Regeneration*，*2013*）和《城市更新国家政策指南》（*National Policy Guide to Urban Regeneration*，*2014*）。这一法律体系为有计划地改善城市环境以及提升城市地区的生活品质提供了指导和工具。

然而，由于研究地区内的城市保护和更新机制极为复杂，无法在此一一概述。希望通过以上分析，可以为读者提供一扇窗口。附录中罗列了各国针对城市保护和城市更新或者在这一方面产生了深远影响的主要法律法规。

3.2 政策和项目

本节旨在概括国家或地区层面有关城市保护和城市更新的主要政策或项目，包括技术、金融、培训等领域。

除了为文化和城市遗产保护所制定的国家层面的法律，各个国家还制定了一系列政策、项目和战略。但多数政策和项目针对的都是广义的文化遗产，仅有少数法规是专门针对城市地区制定的。此外，与遗产保护的法律相比，政策和项目在针对地方具体的情况时更具灵活性和适应性。

如 3.1 节所述，日本、韩国和中国已经在各自国家的城市保护法律体系中加入了相关的政策内容，以独立“条款”或者“章节”进行描述。首先，最主要的策略就是为确定历史城镇、历史地区和历史建筑而制定的“筛选—分级—划区”政策，以及系统性地制定保护规划以及其他控制和监测手段。

在中国，已经建立起国家历史文化名城、名镇名村和传统村落名录，以及一系列省市级保护名录。此外，保护规划的管理也是中国城乡规划部门的主要工作内容，还包括制定技术规范和保护管理方面的条例。如保护区范围的界定、对历史建筑的分级和保护要求、基础设施和环境问题的改善，以及专项保护基金的设立，等等。

在韩国，最主要的保护计划就是 2011 年《古城保护和提升特别法案》（*Special Act on the Preservation and Promotion of Ancient Cities*）规定的《古

都保护规划》（*Ancient Capital Conservation Plan*）的空间管理战略，以及针对特殊城市的修复和更新工程。

在日本，除城市保护的相关法律外，还有一些其他项目作为补充，其中就包括抢修破败建筑的“村镇再生长期保护项目”（Long-term Preservation Projects for the Rebirth of the Villages and Towns）。在城市更新方面，2004 年时任日本首相小泉纯一郎及其内阁启动了雄心勃勃的“城市更新”（Urban Renaissance）计划，旨在着手解决 20 世纪遗留的问题，建设面向 21 世纪的新城市，评估城市地区的累计资产价值，并使之服务于未来，推动产业活动，为市民谋福利。

在菲律宾，制定了把文化遗产项目纳入地方政府预算的政策，从而鼓励地方政府在相应的环境、教育和文化活动中加入用于文化遗产保护保存的计划和预算，其中包括对捐款免税的文化遗产保护激励机制、“国家遗产资源支持项目”、评奖计划和“文化遗产从业人员激励计划”。

在新加坡，由新加坡信息通讯和艺术部实施的“城市复兴规划Ⅲ（2008—2015）”（The Renaissance City Plan Ⅲ，2008—2015），是一份关于艺术和文化管理的总体规划，其中就有向部分从事创意产业的中小创业公司提供资金的激励计划。

在文莱，“2035 文莱愿景”（Vision of Brunei 2035）的目标是把文莱发展成以受过良好教育的技术人才、高品质的生活和可持续的经济发展而享誉全球的国家。为了实现这些长远的发展目标，关键的措施之一就是实施“确保自然和文化环境均得到良好保护的环境战略”。

制定城市保护和城市更新相关的技术、财务和培训的政策与计划是该地区的主要关切点。加强城市遗产的资金和人力投入，并改善公私部门间的对话和合作关系，对这些地区而言是十分必要的。许多国家的文化遗产保护主要依赖捐赠国的外部资金支持和其他资助来源，因此这些国家急需保障可持续的资金来源，并建立起有效的资金分配机制。此外，除了澳大利亚、新西兰和一些东亚国家，人力资源问题也是主要关注点之一，尤其是那些太平洋小岛屿国家和部分东南亚国家，严重依赖外部的专家和技术支持，因此需要全面提升自身的能力。所有这些问题的应对，都需要政府的政策和项目的支持。

3.3 治理机制

本节旨在阐述推动城市保护和城市更新的国家层面的治理机制，包括行动方和参与方、分权程度、管理手段或实施工具。

3.3.1 治理的类别和行动方

在多数东亚、东南亚和太平洋国家，国家和地方政府是城市遗产保护的主要推动者，同时也有私有部门的参与。各国的主要利益相关者基本都包含：国家和地方政府（最主要的行为方），地方社区和业主，其他社会团体和机构。

各国由于国情不同，不同利益群体在合作深度和管理机制上也有很大区别。总体上，地区内的多数国家都已经设立了中央职能部门来管理文化遗产保护，主要由文化、信息、旅游、教育、建设等部门进行运作。更重要的是，城市保护其实并不是由土地、规划、文化、建设等单一的政府部门（如中国、日本、韩国）进行管理的，而是有相关部门的共同参与。

澳大利亚、印尼、马来西亚和新西兰都实行遗产管理的分权化机制，这是由国家的联邦制度决定的。澳大利亚可以算得上联邦和州级政府间良好互动的最佳代表。州政府和地方政府享有自主权，因而相对于联邦政府有限的权利，往往在历史遗产的管理上发挥更重要的作用。在进行决策时，联邦政府需要与州政府进行协商。在这些国家，公民和社会组织也是另一个有影响力的参与方，因为当地都有大量非营利性的信托、组织、公司机构和原住民社区等，构成了文化遗产保护领域强大的非政府参与方。

案例 4：澳大利亚城市保护领域的参与方

在澳大利亚，多数重要遗产归州级政府和机构所有和管理（环境和遗产部门）。《遗产法案》（*The Heritage Act*）要求这些机构编制各自的遗产名录，并代表整个社区对它们实施适当的管理。这些机构还要每年以报告形式定期汇报遗产的状况。

与之形成鲜明对比的是，新加坡、蒙古、中国、泰国、越南和柬埔寨等国都实行自上而下的中央集权化管理方式，其中新加坡又可以称得上是这种治理方式的典型代表。在新加坡，城市遗产保护和城市规划都由同一个中央政府部门“城市重建局”（Urban Redevelopment Authority）负责，从而把保护和规划有效地结合在一起。与之类似，柬埔寨也有一个依据王室另设立的专门管理遗产地的“吴哥地区遗产地保护和开发”政府机构（Autorité pour la Préservation du site et l' Aménagement de la Région d' Angkor），该机构直接向内阁和国务大臣负责并汇报情况。柬埔寨的这一机构更为综合，主要涵盖五个技术部门，包括古迹与考古、旅游发展、经济社会发展、城市规划与发展以及文化，同时能在国家层面有效地协调与文化遗产相关的所有事务。尽管实行集权管理制，但这些国家的保护领域也有社会团体的参与。

案例 5：新加坡城市遗产的集中式管理方法

在新加坡，作为国家发展部下属的一个立法委员会，城市重建局于 1974 年 4 月 1 日正式成立，其主要职责是规划和实施中心城区的综合开发项目。除了制定指导开发项目的规划，其职能还包括：征收并清理贫民区土地、改善基础设施、安置受影响的企业、向私有部门出售土地等。城市重建局也是国家指定的“负责保护的机构”，主要负责与保护相关的规划和研究、促进和协调（鼓励私有部门）、监管（提供法律框架和材料指导专业人士）、咨询（征求专业意见）和推广（推动对保护的理解）

等。除了政府机关，还有一些公民团体也参与到城市保护和城市更新过程中。例如新加坡遗产协会，是 1986 年设立的非政府组织，关注新加坡遗产的传承、保护和推广，还有新加坡 ICOMOS（2014 年成立）和新加坡建筑研究院也是政府的合作机构。

尽管在太平洋岛国和某些东南亚国家，如老挝和缅甸，已逐步建立起国家层面的管理机构，但由于能力欠缺，这些中央政府机构只能照顾到少数古迹遗址，而对城市遗产的总体监管还是主要由地方政府来执行。例如缅甸，主要由遗产局负责审查涉及遗产地的建造项目，之后才提交城市开发和管理当局（Urban Development and Administration Authority）学术委员会进行最后审核，在涉及遗产保护的问题时，遗产局可以影响省级和区级政府机构的实施过程和监管行为。

在治理和管理机制方面，日本是一个较难归类的国家。日本的中央和地方治理机制都比较完善，相互间也能很好地协调。地方政府在文化遗产保护方面的任务虽然是由国家政府进行指派的，但由地方政府承担具体的文化遗产保护职责，并与国家政府合作制定系统的保护政策。此外，地方社区也积极参与到城市遗产管理的事务中，并发挥着重要作用。

3.3.2 城市保护的实施情况

该地区内的多数国家都采用对不可移动文物和建筑遗产进行登记、筛选和定级的制度来实施文化遗产的保护。上述方法在地区内已经较为普及，同时它们也被进一步用于确定城市遗产的类别，用来界定“古城”（Ancient City）、“历史城镇”（Historic Town）、“历史地区”（Historic Area）、“历史街区”（Historic District）等的分类，特别在中国、韩国和日本。例如，中国已经建立起政府提名的定级机制来开展城市保护，并延展到历史城、镇、村和街区。在澳大利亚，这类机制则更为复杂，包括两类名录，分别是法定名录和非法定名录。前者也称为州级遗产名录，是依据地方议会的环境规划而制定的；而后者则是由澳大利亚皇家建筑师中心、国家工程师协会及其他遗产机构共同制定的一个国家托管名录（National Trust Register）。一旦登录，物业所有者必须在获得遗产议会许可的情况下才可以对其物业实施变更，此方法在改造、损坏、拆除和开发等活动的各个方面起到控制作用。

另一种普遍的做法是针对某些历史地区制定和实施差异化的专项保护规划和管理规划。这种做法主要以城市层面实施的国家区域和土地规划制度为基础并跟进相应的许可和授权流程，并由遗产地层面实施的保护或更新计划为主的规划管理过程。把城市保护纳入城市规划，最典型案例就是新加坡。建筑遗产保护变为战略规划和发展的主要内容之一，国家需要分别制定相应的中远期的概念性规划（Concept Plan）和总体规划（Master Plan）。这种机制有效推动了新加坡的发展，同时对遗产事务进行全面的考量，通过整体性的综合规划促进现有的建筑遗产与未来的开发项目之间的兼容性和创造性。

第三种方法是在地方建立不同机构间的合作关系。在多数国家，公私部门之间的合作在实施城市保护的过程中都是无法绕过的问题。日本、澳大利亚、新西兰、新加坡和马来西亚，都在国家合作计划中强调了社区参与的重要性，而在中国、韩国和印尼，社区参与与合作则往往是在地方层面进行。

案例 6：新西兰的公私合作

在新西兰，遗产领域的公私合作 (Public Private Partnership，PPP) 的参与者包括各类非营利性的信托、组织和公司机构。最普遍的 PPP 做法是“主街”模式：由企业主合作出资对主要街道和城镇中心进行管理，由城镇中心联盟和新西兰城镇协会的成员机构推动；这些联盟团体由地方政府支持或部分资助，这对历史城镇中心的管理是极为有力的模式。例如“普塔鲁鲁的骄傲”（Pride in Putaruru）是一个由社区建立的非营利性联盟团体，主要通过网站、博客、简讯等形式来宣传普塔鲁鲁（Putaruru）小镇的方方面面。资助大多来自企业主，由地区理事会和社区受理资助申请（图 3-1）。

图 3-1 “普塔鲁鲁的骄傲”官网

第四种方法是集结一系列的国内财政手段，在日本、澳大利亚、新加坡、新西兰和马来西亚等国家运用最为广泛。财政手段以不同方式实现分配，如直接拨款、补贴、税务机制、减免甚至免除税收、私人捐助和融资等。不同的国家也有不同的模式，例如新加坡政府就没有实施任何的融资机制来帮助所有者保护他们的建筑，而是推出了一项鼓励私人捐款的免税机制。在澳大利亚，遗产办事处负责运行遗产激励计划，每年向各类遗产项目拨款 240 万澳元，用于出版、遗产咨询服务和保护工程。马来西亚则把财务手段纳入相关的机构运行预算中，其中包括定期划拨给文化和环境的专项资金。在新西兰，则主要向遗产所有者提供低息的商业贷款。日本则根据不同方法详细制定不同的财务政策。

案例 7：日本在遗产保护方面的融资手段

日本的文化事务机构向已被定级的建筑、遗产地、活态国家遗产、历史建筑群和其他文化资源提供补贴，包括被指定为“重要文化财”（Significant Cultural Property）和列入“国家名录”（National Register）的各类遗产。县级政府和一些地方政府也有类似的针对文化遗产的定级和补贴政策。

税收激励：日本设立了大量面向私人行为保护的税收优惠政策，但这些政策主要镶嵌在一系列极为复杂的规定、条件、资格和特殊情况的条款之内。与所有权或文化遗产捐赠相关的税收规定各不相同，但主要以遗产、捐赠者以及受赠方地位的认可级别为依据。企业向国家或者认证的公共慈善机构的捐助可享受减免全部税款，向其他机构的捐助则享受相应的税点减免。

拨款：文化事务机构（Agency for Cultural Affairs）规定必须由物业所有者对重要的文化遗产进行修缮，但是可由国家政府拨款提供修缮的资金支持。文化事务机构还向历史建筑所有者提供补贴来安装和维修防火设施以及其他必要的防灾设施。

3.3.3 创新工具

在该地区还有一系列用于管理和保护城市遗产的创新工具。这些创新的工具的采用与各国社会、经济背景以及制度体制相关，同时也与城市发展和城市遗产保护的目标相关。这些创新的工具既包括政策的实施和技术的推广，也涉及促进经济和社会的发展，十分具有参考和启发价值。

案例 8：澳大利亚的遗产管理工具

“澳大利亚 ICOMOS 遗产工具箱”（Australia ICOMOS Heritage Toolkit）运用综合性的网络化手段，为遗产保护提供了清晰轮廓。澳大利亚 ICOMOS 还编写了《巴拉宪章解读》（*Illustrated Burra Charter*），既是对《巴拉宪章》条款的解释，也对本国政策和保护战略的发展历程进行了梳理（图 3-2）。

a

b

a　澳大利亚 ICOMOS 遗产工具箱网站示意图

b　澳大利亚 ICOMOS 编写的《巴拉宪章解读》

图 3-2　澳大利亚 ICOMOS 网站

名为《历史城镇中心的企业发展》（*Corporate Development in Historic Town Centers*）的文件则为公司、地方政府和社区提供了政策框架，以此来评估和指导现有的历史城镇如何引入新的企业。该文件为地方规划部门和私有部门提供了区位、高度、设计等方面的信息引导。

“询问优先”（Ask First）原则是土地开发商、使用者和管理者、文化遗产专业人士等可能对原住民遗产产生影响的群体应当遵循的实践原则，目的是要尊重原住民遗产及其价值。同时，各州还与重要遗产的所有者签署了遗产协议，所有者有权从州政府处获得一些福利，但仅适用于：土地税的减免、印花税和市政费的优惠等。

澳大利亚政府正在制定《澳大利亚遗产战略》（*A Strategy for Australia's Heritage*）来协助遗产的管理，并将为未来十年的遗产管理提供指导框架，此战略还面向那些具有遗产特征的城市区域（图 3-3）。

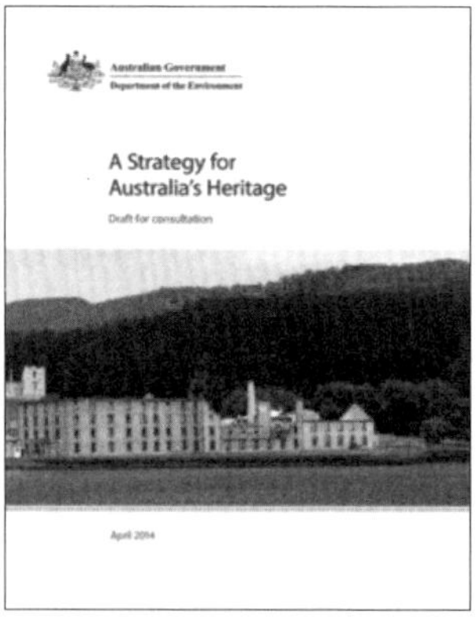

图 3-3 《澳大利亚遗产战略》

案例 9：印尼的“遗产城市网络”（Indonesian Heritage Cities Network）

2012 年，印尼空间规划总局、公共工程部和印尼遗产基金启动了“遗产城市管理和保护”项目（Heritage Cities Management and Conservation Program-P3KP）来支持“遗产城市网络”的发展，其目标是：实施地区空间规划，通过制定政策和鼓励跨部门联合（政府和社区）来监督相关空间管理法律的实施，组织针对地方政府的培训和能力建设活动，建立制度联系和合作机制（公私部门），并营造安全、舒适、有效和可持续的空间环境（图 3-4）。2013 年 5 月，还与文化遗产机构、荷兰教育、文化和科学部以及遗产战略国际（美国华盛顿）合作在雅加达举办了一次关于公私合作的研讨会。研讨会主要关注荷兰和美国的公私合作 PPP 经验及其在印尼的适用潜力。

图 3-4 印尼“遗产城市管理和保护”项目

案例 10：新西兰的“历史遗产可持续管理导则系列”（Sustainable Management of Historic Heritage Guidance Series）

“历史遗产可持续管理导则系列”是根据 1991 年《资源管理法案》（*Resource Management Act*）要求起草的协助地方政府、遗产地所有人、土著社区及其他利益方进行遗产保护的文件。该系列文件涵盖了针对管理规划、防火安全、激励机制、信息表、地区规划、地区政策等方面的指导，提供了有关遗产的非法定指南，也鼓励各界进行对话并提出反馈（图 3-5）。

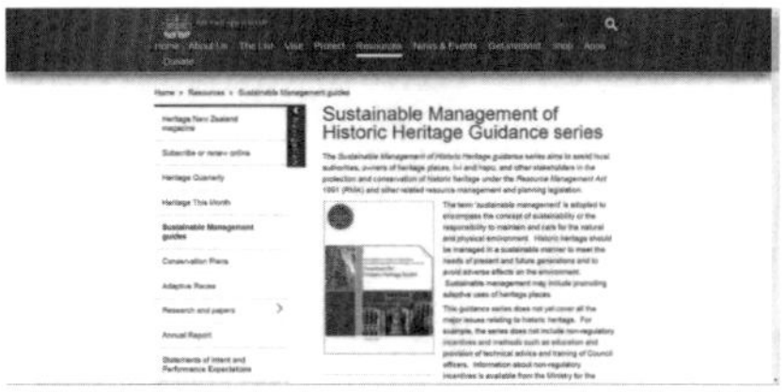

图 3-5 新西兰“历史遗产可持续管理导则系列”

案例 11：新加坡的“遗产行业激励项目”

“遗产行业激励项目”（Heritage Industry Incentive Program）是在国家遗产理事会的推荐下提供各类资助，鼓励新产品和新服务的开发，并通过理事会渠道进行推广。其中包括为各类遗产、文化和旅游项目提供资助，以此在私有部门间（包括收藏界、会展会务公司、策展人、保护人士、地方社区等）推广遗产行动。并在 2009 年举办了题为“遗产商务”（Business of Heritage）的会议，邀请文化产业公司、专业人士和学术代表共同参与交流项目成果，同时搭建起该领域的网络平台，推动了关于文化遗产商机的广泛讨论，并于 2018 年推出了新一轮《新加坡文化遗产计划大纲》，作为 2018—2022 年及以后的发展策略（图 3-6）。

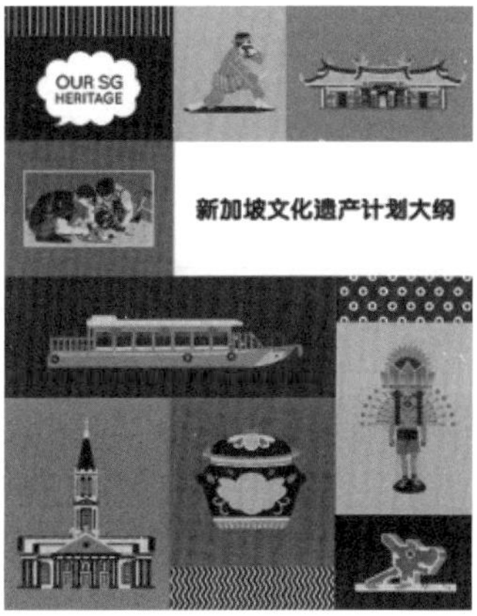

图 3-6 《新加坡文化遗产计划大纲》

4

4
文化对城市更新和城市发展的促进作用

文化，在一般意义上是包含有知识、信仰、艺术、道德、法律、习俗，以及其他能力或习惯在内的复杂整体，不仅是社会重要的组成部分，同时也在城市更新的过程中发挥着重要的作用。

4.1 复兴城市地区

本节旨在分析文化和城市保护在解决历史地区发展问题以及复兴城市地区中的作用。

快速的城市发展给东亚、东南亚和太平洋地区带来了各方面的问题。棚户区的形成、住房问题、环境问题以及基础性服务和设施的缺乏等都是本研究地区内的发展中国家所共同面临的主要问题。由于现代化设施的匮乏，城市的历史地区多处于衰退甚至衰败的境地，由此带来的针对历史建筑的拆除或整治的压力也直接威胁到城市遗产的保存。但关于文化遗产保护的理念和行动已在该地区获得越来越多地认同，各类遗产保护项目也日渐成为推动历史地区复兴进而促进城市发展的有效动力。

案例 12: 菲律宾马尼拉，王城区（Intramuros in Manila, Philippines）

菲律宾马尼拉的王城区（城墙内）是一个由城墙、街道、空地和历史建筑组成的占地 86 公顷的三角形区域，始建于 16 世纪，是当时西班牙占领区的中心地带，其

a b c

a 1851 年马尼拉王城区地图

b 二战前的马尼拉王城区

c 马尼拉王城区街景

图 4-1 菲律宾马尼拉，王城区

规划布局遵循了西班牙城市的典型风格。在西班牙殖民时期的几十年中，王城区经历了繁荣发展，直至 19 世纪初开始走向衰落。随着城市活动向其他地区转移，20 世纪 30 年代晚期，这里已经完全丧失了昔日的辉煌。第二次世界大战期间，马尼拉遭到多次入侵，对城市造成无法估量的损失，王城区也几乎被完全摧毁。20 世纪 50 年代，原有的居民外迁，王城区成为一片贫民窟，生活条件极其恶劣，到处都是破败的棚户、仓库，运输车辆来来往往。因此，政府在 1979 年成立王城区管理局（Intramuros Administration），先后在人居部门和旅游部门的指导下（包括财政和行政支持），实施了为期二十年的“王城区修复和发展工程”（Intramuros Restoration and Development Project）。“王城区修复和发展工程”是以整座城市的发展为背景而制定的，旨在解决王城区面临的主要城市问题，包括改善当地生活条件和修复文化遗产并突出地方特征和国家身份。但由于预算紧张，这一计划实际花费的时间比预想的长得多，直至今日仍在实施过程中。但在这一以文化引导的项目的长期实施过程中，涵盖了修复工作、土地使用和规划工作、文化复兴以及教育和宗教活动等内容，最终拆除了棚户区，并恢复了菲律宾历史上一些著名的学校、大学、教堂和行政建筑。尽管整个改造项目还需假以时日才能最终完工，但当地文化遗产的保护工作已经说明，历史地区能够再一次为菲律宾首都的发展发挥重要的作用（图 4-1）。

案例 13: 菲律宾，维甘古城（Historic City of Vigan, Philippines）

维甘古城始建于 16 世纪，见证了当地四百多年的西班牙殖民、四十多年的美国统治以及四年多日本占领的历史。维甘是菲律宾保存最完好的西班牙殖民小镇之一，于 1999 年被联合国教科文组织列为世界遗产。经历了第二次世界大战的动乱以后，维甘便进入政治动荡、居民外迁、贫困以及城市肌理和基础设施的衰败时期。1995 年，地方政府启动了一项旨在修复当地的历史肌理并复兴城市的计划。当地政府与联合国教科文组织、西班牙政府、国内和国际机构、私有部门、公民团体以及当地社区都建立了合作关系，共同保护维甘的遗产并推动当地的经济发展。通过这些合作，制定了一份严谨的总体规划，项目的初始预算从 2700 万比索提高至 1.68 亿比索（320 万美元）。除了对维甘的历史肌理进行修复，该项目还建立了维甘文化和贸易中心、维甘旅游局，并开展了许多教育和意识提升项目，同时开展培训班、文化和宗教节日等活动，还支持当地传统工业的发展，并改进了游客服务设施。最终，维甘被授予市级行政地位，成为菲律宾唯一依靠文化重要性取得该地位的城市。维甘的文化和遗产复兴计划使之成为菲律宾国内最繁荣的城市之一，也是公认的最佳实践案例（图 4-2）。

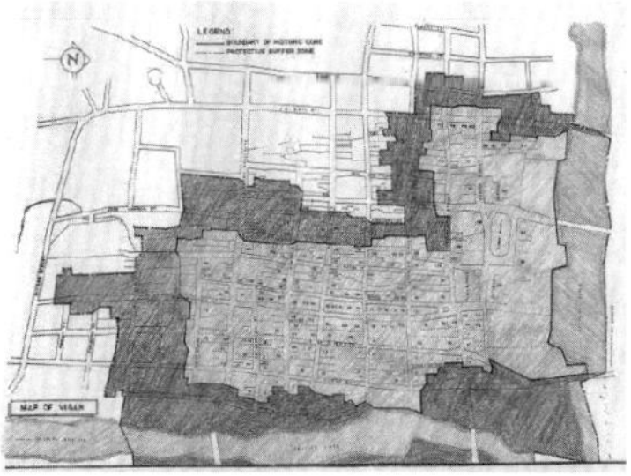
a

b

c

d

a 维甘古城历史中心保护范围图
b 维甘古城街道一
c 维甘古城街道二
d 维甘古城街道三

图 4-2 菲律宾，维甘古城

案例 14: 中国丽江，大研古城（Li Jiang, China）

大研古城始建于宋末元初，在经历了1996 年“二三”大地震后，因基本格局未变，核心建筑依存，1997 年被联合国教科文组织列入《世界遗产名录》。原本古城内的传统民居建筑质量普遍不高，且古城面积大、建筑密度高，街道狭窄，同时受地震影响，并不利于开展修复和保护工作。面对遗产地保护管理工作中存在的困难和问题，丽江市人民政府成立了独立部门——世界文化遗产丽江古城保护管理局（简称古管局）。2002 年，古管局与美国遗产基金会共同签署《丽江古城传统民居修复协议》，设立了修缮工程补助基金，推行居民提出申请，长期的、有计划的、公私合作的，并且有保护修缮专业指导和监督的传统民居修缮计划。除了执行民居修缮计划，地方还组织编制了《丽江古城传统民居保护维修手册》《世界文化遗产丽江古城建筑与环境修复设计导则》，为遗产地管理者、专业技术人员以及广大古城居民提供了科学、合理的建筑修缮方法；古管局还完善了修缮建设审批管理制度，对古建筑修缮施工人员进行培训，对古城民居修缮施工队严格实行积分考核奖惩管理，以增强古建筑修复和保护的技术含量。2002 年至 2006 年，民居修缮计划累计修缮民居 174 户。传统建筑得到加固、重建，住房条件得到明显改善，独特的古城风貌和地方文化吸引了大量游客和外地经商和度假、暂居人员，当地的旅

c

d

a

b

a　丽江大研古城传统民居修缮前

b　丽江大研古城传统民居修缮后

c　修整的民居院落

d　新建的民居院落

e　激活的传统街道

f　传统街道的新业态

图 4-3　中国丽江，大研古城

e

f

游业随之得以快速发展，成为世界知名的旅游区，居民的收入也随着旅游的发展大大提高。2007 年，“丽江古城民居修缮计划”获得联合国教科文组织亚太地区文化遗产保护优秀奖。

联合国教科文组织曾指出，“就人类平衡和发展而言，至关重要的是为人类保存一个适宜的生活环境，以使人类在此环境中与自然及其前辈留下的文明痕迹保持联系。为此，应该使文化和自然遗产在社会生活中发挥积极的作用，并把当代成就、昔日价值和自然之美纳入一个整体政策”。大研古城的遗产保护实践经验证明，文化遗产保护中社会发展政策是一项艰难的但是必需的工作；对于公共资金和私有资金的恰当引导是制定有效政策的关键；政府、社区、专家和民间力量的结合参与则是政策有效实施的保障（图 4-3）。

4.2 提升公共空间品质

本节旨在分析文化和遗产对城市公共空间品质提升的作用和影响，包括城市特征和身份认同等方面。

改善公共空间品质往往是城市更新项目起始阶段采用的策略，尤其对本研究地区的社会发展起到了重要的作用。特别在亚洲的热带和亚热带城市，人行道、广场、公园等向公众开放的场所通常是日常集会、人际交流、打牌和贸易的地点。因此，这些公共场所对城市居民的生活品质有着重要的作用。此外，这些地方也是关于城市特征和身份的重要地标。重要历史建筑的保存促进了整座城市公共空间总体场所感的形成。舞蹈、节日和游行也是本研究地区内城市的悠久传统，这些活动的定期举办塑造着公共空间的基本特征，推动着城市认同感的建立。

案例 15: 泰国曼谷，蒂瓦维斯姆宫（Devavesm Palace in Bangkok, Thailand）

泰国曼谷的蒂瓦维斯姆宫是曼谷的一处重要历史建筑。在针对位于泰国曼谷的蒂瓦维斯姆宫的塔姆那殿（TamnkaYai）保护工程结束以后，为了突显其历史性的场所感而对建筑周边的景观进行了修复，并将把宫殿周边的草地作为公共空间向游客开放，让他们能够在那里欣赏昭拍耶河的景色。这一修复工程把历史建筑的周边地区变为一处公共场所，成为曼谷城内极具特色的地区之一（图 4-4）。

图 4-4　曼谷蒂瓦维斯姆宫

案例 16: 中国上海，武康路（Wukang Rd. Shanghai, China）

武康路位于上海市徐汇区原法租界内，全长 1170 米，路宽 12 ～ 16 米，是上海市级历史风貌保护道路。武康路沿线拥有众多市级优秀历史建筑，沿线历史遗存丰富，街道尺度宜人，特别是道路两侧的梧桐行道树，构成了上海法租界特有的林荫街道景观。武康路保护整修项目是上海第一个综合提升型的历史风貌保护道路项目。整个项目以保护道路的历史风貌价值和景观为基础，希望将原本的生活型道路空间，通过空间修复与景观美化，使人们能够体验到历史信息及其人文内涵，并改善居民的日常生活环境。

a

项目始于 2007 年 3 月，2009 年年底基本结束。项目资金通过市、区两级政府和建筑使用单位三方筹措。项目不局限于道路红线内及沿街立面，而是将沿线建筑和里弄空间都纳入了保护整修整治的范围。项目内容包括三大部分：针对历史建筑的修缮、针对改善民生的弄堂整修、针对街道空间景观要素的整治。项目的实施对武康路周边的文化、环境、社会等方面都产生了积极的影响。项目完成后，道路景观、弄堂空间、沿线历史建筑、古树名木等物质载体都得到了很好的保护，同时项目对一些在后期建设中消失但能体现历史信息的物质要素（比如围墙），结合历史资料进行了部分复原；对沿线的 11 条里弄进行了市政设施（老化电线、供水管道、卫生设施等）的改造；将巴金故居、黄兴旧居由居住功能置换为文化和公共功能；在有条件的里弄中添置了健身器械。在项目实施期间，居民共同参与片区事务以及定期开展的各类社会文化活动，增强了居民间的互动，对邻里交往产生了积极的影响。项目结束后，武康路所在街道的外来人口和新居民在一年里有了明显的增加，物业价值也有所提高，业主获得了较高的租金收益。目前武康路已经成为上海衡山路—复兴路历史文化风貌区重要的旅游资源。武康路项目实施后，物质环境的提升和历史文化场景的突显吸引了众多投资者来此开店，观光客也逐渐增多，成为众所周知的“网红路”（图 4-5）。

b

c

d

e

f

a　武康路修整后街景

b　武康路历史地标：武康大楼

c　密丹公寓底层网红冰激凌店

d　武康庭

e　武康路街边小店

f　武康路上的年轻观光客

图 4-5　中国上海，武康路

4.3 强化城市身份和品牌

本节旨在阐述文化和城市保护在强化城市身份和品牌塑造方面的作用，包括避免城市的同质化，增强城市的吸引力，带动产业的发展。新的城市发展，在当地经济、社会和政治背景或者发达国家经验的影响下，往往会造成千篇一律的、标准化的现代城市面貌，建成环境和当地的生活方式之间的关系往往遭到忽视。同时，对不同时代建筑之间的连接空间以及可能对城市历史景观造成的影响关注甚少，导致各类建筑之间无序、闲置、废弃空间的产生。为了改善这种状况，我们必须对建成环境以及城市的身份和品牌予以更多地关注。

悠久的历史发展而形成的地方文化，凭借其强烈的地方特色，可以有效推动地方身份和品牌的塑造。发掘和加强城市的地方特征可以带来多重收益，其中包括城市品牌的塑造。品牌塑造可以推动地区和地方休闲和旅游产业的发展，拉动投资，促进地方设施的建设和发展，并增加对城市新移民、务工人员和技术人员的吸引力。此外，借助文化遗产突显品牌、标识和标记的差异化，是为城市提供最真实、最具竞争力和最具战略性前景的最佳途径。

在对城市身份和品牌进行分析时，我们清楚地意识到城市的身份和品牌是城市发展和城市更新过程中必须考虑的因素。我们可以清晰地看出地方遗产在当地历史中的重要作用，它往往是地方身份和地方品牌形成的起源，地方遗产的保护和更新可以唤醒人们的地方认同感。但直到现在，它们的重要性似乎还未得到广泛的认可，同质化的建设趋势已经损害了很多城市的面貌。

案例 17：中国潮州，广济桥和牌坊街修复工程（Guangji Bridge and Taiping Street,Chaozhou,China）

广济桥又称湘子桥，位于广东省潮州古城东门外的韩江之上，始建于宋代，距今已有八百余年的历史。广济桥造型奇特别致，集梁桥、拱桥、浮桥等形式于一体。它是中国第一座也是世界第一座启闭式桥梁，是中国古代桥梁建筑的杰作，中国全国重点文物保护单位，也是潮州城市的文化地标和身份标志。随着历史的变迁，广济桥几经修筑。1958 年对全桥进行加固维修，并拆除十八梭船，改建为三孔钢桁架及两处高桩承台式桥梁。1976 年又一次进行了加固扩建。在潮州市民、地方专家和海外潮汕人的共同呼吁下，2001 年 12 月，中国国家文物局正式批复《潮州广济桥维修方案》。2002 年 4 月，潮州市政府成立“潮州市维修广济桥委员会”，以统筹修桥事宜，并聘请文物古建专家和海内外德高望重的潮籍乡亲为顾问。2003 年 10 月，广济桥重修工程正式动工。工程以修旧如旧为准则，恢复明代该桥“十八梭船”的启闭式浮桥以及桥上亭台楼阁的独有风格。工程共分二期实施：一期为加固桥墩，修复桥面及十八梭船；二期修复桥上之亭台楼阁。经数年努力，工程于 2007 年 6 月告成。2007 年 9 月 20 日，全面重修后的广济桥正式开放。如今，广济桥俨然是潮州市民引以为豪的文化象征，也是游客到潮州的必游之地。每逢春节，国内外潮人回乡，韩江广济桥夜晚的灯光秀是必观的活动。

潮州古城中约 2000 米长的南北大街太平路，在明清两代曾建有科举坊和名宦坊 47 座，故在当地市民中被誉称为“牌坊街”。太平路上的石牌坊既是石构建造、石雕工艺的荟萃，也是书法艺术的宝库，与沿街两侧西洋风格的骑楼商业街相映成趣，是潮州历史的重要见证，也是城市独特的形象。20 世纪 50 年代的一次偶然的事故，导致整条大街的石牌坊被全部拆除。太平路直至 20 世纪 90 年代仍是潮州府城最繁华的街道，各式门类商铺云集，众多老字号远近闻名。不仅如此，昔日春节游行、元宵灯会等重要节庆活动，太平路都作为主要举办地点。20 世纪 90 年代末，随着城市重心西移，太平路逐渐陷入衰退。然而，太平路上的牌坊一直以来是潮州市民心中承载着文化自豪的集体记忆。2006年，潮州市政府决定在太平路重建牌坊。根据历史照片、残存的牌坊基座和从民间收集回来的牌坊石构件，在原位置重建了 22 座牌坊。现在，太平路牌坊街和广济桥、明代古城墙共同组成了潮州城市的文化形象，吸引了越来越多的游客。2010 年古城接待游客约 125 万人次，2018 年增长到 500 多万人次（图 4-6）。

a

c

b

d

a　广济桥修复前

b　广济桥修复后

c　太平路牌坊历史照片

d　太平路牌坊重建后

图 4-6　中国潮州，广济桥和牌坊街修复工程

案例 18: 中国上海，里弄与历史街道保护（Shanghai, China）

截至 2017 年，除国家和地方的文保单位外，上海的地方遗产管理体系还划定了中心城区 12 片历史文化风貌区、郊区 32 片历史文化风貌区、250 处风貌保护街坊、90 余条历史性保护道路以及 1040 余处上海市优秀历史建筑。在中心城区，受国家和地方法律保护的城市遗产占地面积达到历史城区总面积的 32% 左右，其中绝大多数是租界时期建成的各种类型的里弄住宅街区。

上海除了有国家层面的保护制度外，在 2003 年通过地方立法建立了“上海市历史文化风貌区和优秀历史建筑”保护制度，通过了《上海市历史文化风貌区和优秀历史建筑保护条例》，公布了上海所有历史文化风貌区的保护范围。同时《保护条例》确定了上海市城市遗产保护的管理程序，有效地协调了涉及城市遗产的各个管理部门对遗产及其环境进行修缮、更新、利用的决策和日常管理工作。在《保护条例》的法律框架内，上海于 2007 年完成了《上海历史文化风貌区保护规划》，增加了历史建筑的保护数量，确定了“风貌保护道路”，同时《保护规划》规定了在风貌保护区内新建建筑的高度和退道路红线距离，对整体保护城市肌理和历史景观起到积极的作用。

这些城市遗产的保存凸显了地方城市遗产对城市身份认同的重要性。现在，这些保存下来的里弄住宅和风貌保护道路成为上海历史性城市景观的重要组成部分，历史文化风貌区也是国际人士在上海最喜爱的居所之一（图 4-7）。

a

b

c

d

a　建业里精品酒店

b　衡山坊精品商业

c　春阳里里弄住房更新

d　岳阳路整修

图 4-7　中国上海，里弄和历史道路保护

4.4 促进经济发展

本节旨在分析文化在推动经济发展和创造就业岗位方面的影响，包括旅游业、创意产业以及其他与文化相关的经济活动。

创意经济可以包含广告宣传、建筑、艺术、手工艺、设计、时尚、电影、音乐、行为艺术、出版、研发、软件、玩具、游戏、电视、广播和电子游戏等内容，显示出了它在当代服务型经济中日益重要的地位。联合国教科文组织成立的创意城市网络已经成为世界范围内推动创意经济发展的国际团体。在研究地区内共有 32 座城市为创意城市网络的成员，分别来自澳大利亚、中国、印度尼西亚、日本、韩国和新西兰 6 个国家，并且都有各自重点发展的创意产业。本节对这些创意城市网络成员的案例及其相对发达的创意经济进行讨论，这些案例也展现了创意产业和文化在推动经济发展和就业方面所具有的潜力和影响。

4.4.1 太平洋地区的创意产业

在太平洋地区，共有3个联合国教科文组织创意城市网络成员城市，分别是澳大利亚的悉尼和墨尔本、新西兰的但尼丁。墨尔本和但尼丁被称为文学之都，悉尼是电影之都，数据显示，电影相关产业与出版和印刷业这两大产业推动了当地经济的发展和就业。例如，在新西兰，2012 年书籍出版为全国贡献了 3.82 亿新西兰元的 GDP，创造了 5160 个就业岗位。与之类似，根据澳大利亚国家统计局的报告（2010a）“关于 2009—2010 年特定文化场所和节日的公众出勤率”的调查，约有 1170 万人（占 15 岁及以上人口的 67%）把电影产业列为就业面试的首选。创意产业是澳大利亚新兴服务型经济的重要组成部分，其对经济的贡献率比我们预想的要多得多，包括巨大的产值（2008—2009 年行业总产值为 311 亿澳元）和高就业率（共计 438000 个就业岗位，占总就业的 4.8%，2006 年澳大利亚普查数据）。此外，在创意产业对国家经济发展的影响方面，澳大利亚与新西兰两国都有旨在推动其创意经济发展的各种国家战略，包括实行政府资助、相关政府部门的设立以及相关法律法规的实施等一系列措施。

4.4.2 东亚的创意产业

与太平洋地区的情况相似，东亚地区的创意产业也得到良好的发展，尤其在中国、韩国和日本。与太平洋地区的成员城市相比，东亚地区成员的主要产业则更加多元化，包括：民间手工艺、设计、美食、媒体艺术、音乐和电影等，这也反映了东亚地区创意产业的繁荣。在中国，政府积极推广创意产业，截至 2015 年 5 月，共出台了 44 个与推动创意产业相关的国家政策，以及将近 300 个地方性政策。如今，文化已成为国家未来发展最重要的推动力量。特别是在发达城市和一些高度城市化的地区，创意产业也成为亟待发展的重点经济领域，创意产业的贡献也显示了它在对经济发展和就业方面的作用和影响。根据国家数据统计，2013 年，中国的创意经济占 GDP

的 3%，在北京和上海等城市，创意产业在当地经济中发挥着关键作用。例如，2014 年，创意产业占北京 GDP 总额的 13%，相关就业岗位达到 110 万个。

日本的创意产业也促进了经济发展，极大地推动了日本经济的复苏。例如，在实施了旨在推动当地创意产业发展的“Cool Japan”战略（2010）以后，2012 年日本创意产业的总收入达到 45.2 万亿日元，占所有产业的 7.3%，与日本最具竞争力的汽车产业相当（47.2 万亿日元）。此外，韩国的状况也类似，把创意产业作为国家战略进行发展，创意产业也给韩国的经济发展带来巨大利润，包括大量的就业和大量韩国文化产品的输出。

4.4.3 东南亚的创意产业

东南亚地区唯一的联合国教科文组织创意城市网络成员城市是印度尼西亚的北加浪岸（Pekalongan），被称作民间手工艺之都。如今的印尼，已经把创意经济作为发展政策和发展战略的一大经济发展模式。如“2025 创意经济展望和计划”（Vision and Mission of Creative Economy for 2025）以及“2009—2015 创意经济发展规划”（Creative Economy Development Plan 2009—2015），这也意味着它将在城市地区的国家或地方战略中占据更重要的位置（图 4-8）。

图 4-8 印尼“2025 创意经济展望和计划”宣传海报

4.4.4 文化旅游业

同样作为经济发展和就业的重要推动力的可持续旅游在东南亚地区得到广泛的发展。作为当今世界发展最为迅速的产业之一，旅游业为当地居民带来了持续的收入增长和大量的就业岗位。在这种背景下，遗产地可持续旅游的提出则是为了引导旅游业向更为积极、友好和长远的方向发展。遗产地可持续旅游的定义是“尊重当地居民和游客，尊重文化遗产和环境的旅游业”。其目标是为人们提供有趣和富于教育意义的假期，也使旅游地所在国的人民受惠。可持续旅游现已成为本研究地区城市更新和遗产再利用相关的重点产业，特别是在东南亚地区。

已有很多案例表明，遗产地能够以新的途径来进行更新和利用，其中发展旅游业便是最受欢迎、最容易执行的手段。例如，泰国的安帕瓦水上社区（Amphawa Canal Community）是当地著名的游览目的地，但在过去，它曾是一个几近消失的村庄。在经过改造更新以后，安帕瓦历史上作为贸易中心的地位得到加强，现在正吸引着各国游客和本国居民前来，当地小贩的收入日益增长，当地居民也有了更多的就业选择。当地的社区继而将这些收入再次投入到地方的更新和复兴之中，推动了水上市场设施的完善，使安帕瓦成为热门的旅游目的地，也为当地居民带来了更多的收入。与之类似的还有三竹（Samchuk）旧集市地区，也是泰国一处水上集市，经历相似的过程，如今也成为带动当地社区经济发展和就业的著名旅游目的地。此外，还有许多其他体现遗产旅游推动经济和就业发展的案例，如澳大利亚的圣母大教堂（Church of Our Lady of Mount Carmel）、印度尼西亚的查尔斯•普罗斯珀•沃尔夫•朔梅克（Charles Prosper Wolff Schoemaker）故居、中国香港的圣约瑟夫教

图 4-9　泰国的安帕瓦水上社区

图 4-10　澳大利亚的圣母大教堂

堂（St. Joseph’s Chapel） 和中国各地的古镇，都正在进入具有连续性的良性循环（图4-9，图 4-10）。

图 4-11 香港圣约瑟夫教堂

旅游业的发展同时也给其他文化产业的发展带来了机遇，包括餐饮业和手工业等。研究地区内就有一些城市凭借独特的餐饮业和手工艺产业而成为联合国教科文组织创意城市网络的成员城市。如杭州（中国）就以其民间手工艺品闻名于世，另一座中国城市成都，则凭借着它的美食吸引八方来客。

圣约瑟夫教堂是香港盐田仔当地罗马天主教社区的中心，在每年的宗教节日期间，吸引了大量国内和国际游客前来。但随着当地人口的减少，附近的小岛几乎无人居住，教堂也近乎闲置。自从启动对圣约瑟夫教堂的修复以来，小岛变得更具吸引力，成为朝圣者和其他游客的旅游目的地，当地的旅游业收入持续增长，并用这些收入成立了一个慈善基金。这些收入被用于教堂的维护、小岛盐碱地的恢复以及红树林的栽种，也用于当地设施的改善，如电力、街道照明、水和排污系统等（图 4-11）。

4.4.5 其他与文化相关的经济活动

除了创意产业和基于遗产的可持续旅游业，还有其他能够使文化对经济发展产生推动作用的方法，如将修复后的遗产出租也是增加当地社区收入的常用方式。中国的漳州历史街区、都江堰西街历史街区、江南水乡古镇就是类似的案例，随着修复的进行，当地的商业活动也恢复了活力，房屋的业主则通过出租店铺获得收益并随着游客增长带来收入，推动着历史街区社会和经济的向前发展。在澳大利亚圣帕特里克学院（St. Patrick’s College）的项目中，对建筑的修复改

图 4-12　中国漳州历史街区

造实现了自身的可持续发展，并通过租赁获取收入，这些收入同时也为历史建筑的维护提供了充足的资金。

此外，文化还能为某些地区带来新的经济机遇。例如蒙古的桑根达来寺（Sangiin Dalai Monastery in Nomgon Sum）项目带动了当地手艺工匠团队的形成，他们负责为项目制作砖瓦，当地政府对地方的制造能力进行了宣传，并带一些样品去省会城市，通过这种文化复兴的途径极大地提升了蒙古这一不发达地区的地方经济活力（图 4-12—图 4-14）。

图 4-13　中国同里古镇

图 4-14　蒙古桑根达来寺

案例 19：中国潮州，民宿客栈（Home Inn.Chaozhou,China）

潮州的民宿自 2015 年开始在古城内出现，到 2019 年底已经发展到三十多家。潮州古城的民宿都坐落在历史建筑中并由当地人经营。地方政府在 2015 年开始启动古城旅游发展计划后，开始了整治街道景观、管制机动车交通、改善传统街巷环境和基础设施等古城更新项目和文物修缮的保护项目，开展传统文化活动，并制定了鼓励遗产建筑再利用和地方饮食（潮州菜、小吃、功夫茶等）推广的政策。在以后的几年中，许多当地有创业精神的年轻人开始在古城寻找老房子做民宿客栈。他们通过直接向原业主承租（租期一般为十年左右），自己请当地工匠修缮和改造，自己管理经营。因为是当地人承租、修缮和经营，相同的文化背景和价值认同使这些历史建筑在修缮时依然保持了历史的特征。民宿的承租人将那些闲置、破损的历史建筑进行了合理的修缮和利用，而民宿客栈的格调不仅符合现代人的需求也能够很好地让住客体验到当地的文化。在这一过程中，原业主通过租金获得了收益，同时也增添了新的城市就业。这些民宿不仅成为游客喜爱的留宿场所，也使传统街区变得更加富有活力（图 4-15）。

a

b

c

d

e

f

a　修缮后的民宿客栈宅门
b　民宿客栈庭院
c　民宿客栈侧廊
d　修缮后的民宿客栈木雕
e　修缮后的民宿客栈内院门洞
f　民宿客栈客房
图 4-15　中国潮州，民宿客栈

综上所述，文化对经济发展和就业的价值可以从三方面进行总结：文化表现形式（或艺术事件）、物质和非物质文化遗产，以及建成环境（UNESCO）。文化表现形式可以激发个人和团体的灵感，为他们提供社会和政策的平台。物质和非物质文化遗产，可以唤醒人们的地方记忆、传统知识和文化技能，也能通过产业，比如旅游业，给当地社区带来额外的收入。最后，具有文化特征的建成环境是培育人们归属感和创造创新能力的场所，也是当代国家在世界上具有经济竞争传统力的关键因素。

5

5
文化对社会凝聚力的促进作用

社会凝聚力强调了共同的价值观和对集体目标或事业的承诺。当代世界需要社会凝聚力，它也是我们营造和平、宜居和可持续发展城市的前提条件。文化意识的提升是减少人与人之间误解和不信任的方法，而误解和不信任恰恰是影响社会凝聚力的最主要因素。因此，为了更好地迎接竞争日趋激烈的未来世界的挑战，我们建议借助文化来加强社会凝聚力。

5.1 推动地方社区认同和尊重文化身份

本节列举了研究地区内的一些案例，来展示文化和遗产如何推动当地社区对文化身份的认同和尊重。

文化作为某一群体内的成员所能够达成的共识的总和，从三方面对社会凝聚力产生着影响，分别是：社会信任、安全感、归属感和社会资本的构建；实现更广泛的包容性和公平；检验社会创新力和新的象征性资源。与群体特有的与文化相关联的文化身份认同是指“一地同另一地之间可感知的物质和非物质方面的差异”（Mathéy，2015）。认可和尊重文化身份可以激发文化对社会凝聚力的积极影响，因为它能增强审美、接受度和文化的力量，进而提升文化意识、文化认可度及其影响。

案例 20：澳大利亚布鲁姆，制帆工场（Sailmaker's Shed in Broome, Australia）

布鲁姆的制帆工场过去曾以采珠产业闻名于世。但由于险峻的地理位置，这座建筑极易受到风暴的侵害。为了确保公共使用的安全性，当地依据现代建筑标准对建筑结构进行了改造。自翻新改造完成以后，当地那段有关采珠产业的历史记忆被唤醒，布鲁姆当地社区的居民又重拾起当年的自豪感（图 5-1）。

历史的、传统的和乡土的建筑往往与一些地方习俗、活动、事件有着紧密联系，因此对文化身份的认同和尊重有着重要意义，进而这些建筑在推动地方文化的延续方面也极为重要。在研究的地区内，这些建筑中最为常见且内分布最广的是宗教建筑，尤其在东亚和东南亚地区。

图 5-1　澳大利亚布鲁姆制帆工场

案例 21：马来西亚马六甲地区，绿云寺（Cheng Hoon Teng Main Temple in Malacca, Malaysia）

这座寺庙建于 17 世纪早期，是马来西亚的华裔移民用作祭拜的场所，是体现宗教建筑在日常生活中重要性的典型案例。由于它较高的社会意义，四个多世纪以来，这座寺庙都由当地社区进行维护。尽管如此，直到 1997 年寺庙某个侧殿的一根主梁塌陷，才促使当地社区和寺庙的托管方真正开始有所行动。整个修缮过程在托管方充满理解和耐心的工作下进行得十分顺利。项目结束以后，这座寺庙已经继续投入到当地社区的日常使用中。由于建筑得以继续保存并恢复了文化活力，当地延续了四百多年的传统也日渐得到加强。通过这个项目，当地社区对遗产的价值和重要性的认识也得到了提升，进而让他们有动力继续通过源源不断的捐款来维护寺庙（图 5-2）。

a　绿云寺室内木作上漆

b　修缮后的绿云寺

图 5-2　马来西亚马六甲地区，绿云寺

5.2 培育社区主导的实践

本节列举了本研究地区内的一些案例，来说明多方合作及社区参与的文化和遗产保护项目如何有利于增强社会凝聚力。

我们可以通过一系列手段来增强社会凝聚力，其中最为重要的行动就是社区赋权和社区参与。通过社区赋权，人们可以感受到：自己拥有的强有力且可被采纳的发言权，可以有效地参与到这个过程中，可以主动提出一些变革建议。社区参与则能够动员人们加入社会和社区活动的行列，参与当地事务。社区赋权是社区参与的前提，通过社区赋权和社区参与可以提升人们对某一地区的热情，进而投身和关注这一地区的发展，这对于当地社会凝聚力的形成也是极为有益的。为了推动社区赋权和社会参与的过程，总体来说可以在地方政策层面实施以下几方面的行动（Forrest & Kearns, 2001）：

（1）支持成立和发展社区团体。

（2）在地方事务方面给予当地居民更大的发言权。

（3）帮助提供当地问题的解决方法。

（4）给予当地居民参与政策制定过程的机会和权利。

（5）发起和 / 或支持当地的活动。

（6）帮助建立地方组织和 / 或对其提供支持。

（7）宣传地方事件。

遗产和文化的再生性利用和保护需要长期稳定的维护和可持续的管理。为了实现这种长期的可持续性，也需要当地民众的参与。不仅如此，地方参与和社区赋权可以帮助完善和形成更为可行的计划和战略，当地社区和专业人士也在这一过程中获得了成长，这些项目最终也更易获得公众的认同和支持。因此，近年来随着地方参与和社区赋权成为遗产保护与利用项目可持续性重要的方法，遗产项目正在成为推动社区主导的城市更新实践的重要力量。

我们常常能看到许多已经完工或者尚在进行的遗产项目都是由政府、专家和社区合作推动实施的。有了政府在项目运营方面的政策、专家的专业意见和当地居民特殊的知识和社区的支持，这些项目的效率和效益都有所提高。

案例 22：中国都江堰，西街历史街区灾后保护性重建（Xijie Historic Area,Dujiangyan,China）

西街历史街区位于都江堰世界遗产都江堰水利工程的缓冲区。项目占地面积 2.72 公顷，内有 391 户居民，房屋产权复杂，人口密度高，社区老年人占比高，新旧建筑混杂，传统木结构建筑年久失修，基础设施缺乏，整体呈衰败状况。2008 年汶川大地震后建筑受损达到 80% 以上，由此启动政府了西街的保护性重建项目。该项目成功地设计了深度的社区参与机制，激发了居民保护历史建筑的意识，自下而上地振兴了传统商业，扭转街区继续衰退的趋势，推进了历史街区的整体复兴。

整个项目历时 4 年，是在社区参与的机制下通过多方合作完成的。项目组建了由地方政府、大学研究机构、国有企业和当地社区组成的合作机制。在项目运作的机制中居民作为最关键的利益相关方被赋予了充分的权力，从而使居民深入地参与到保护项目的全过程中，包括“去与留”的选择权（即获得全额补偿离开西街，或享受补贴政策并遵守保护要求留在西街）、对自家房屋修缮或重建设计方案的决定权、

a

b

c

d

a 规划师向居民讲解建筑保护要求
b 设计师向业主确认设计方案
c 修缮前的西街一
d 修缮后的西街一
e 修缮前的西街二
f 修缮后的西街二

图 5-3 中国都江堰，西街历史街区灾后保护性重建

对自家民间修缮施工队的选择权、对建造质量的监督权以及对未来房屋使用功能的主导权。项目的机制得到了 98% 以上居民的支持和参与，建筑师、保护专家和住户共同为每户定制设计住房，街区的业态在更新过程中便通过居民积极的自主运营从纯居住迅速转变一个商住混合的旅游街区。更新后街区内的房价是更新前的四五倍，居民通过出租房屋或自己经营获得了极大的收益。如今，街区保持了街区的传统肌理和尺度特征，保持了建筑的多样性和街区的传统风貌，成为游客游览世界遗产地之外的必游之地（图 5-3）。

e

f

除了项目的实施工作，社区主导的融资方式也是推动遗产项目发展的常见手段。

案例 23：澳大利亚维多利亚州，科万吉家宅（Kow Plains Homestead in Victoria, Australia）

该项目是由当地社区资助的。由于资金有限，若没有社区的支持，这个项目将无法开展。这个项目体现了由政府搭桥的个人和社区间的合作。如今，农场经过修复和改造已经变成一座博物馆，它被用作教育基地，同时既是博物馆理事会开会的场所，还是社区居民开展社交活动的场地，体现了遗产项目对社区培育的重要性（图 5-4）。

a

b

a　科万吉家宅修复前

b　科万吉家宅修复后

图 5-4　澳大利亚维多利亚州，科万吉家宅

案例 24：中国上海，田子坊（Tianzifang,Shanghai,China）

该案例是由社区居民自发地自下而上发起的遗产保护行动。社区居民在里弄建筑将要被新的开发项目拆除的情况下，在2000 年前后社区开始主动借助专家和名人资源，与居民一起共同发起了将房屋出租给艺术家引入创意产业的行动。随着艺术家入驻里弄街区，个性化、时尚型的精品商店、咖啡馆、艺术品商店、服装店、餐馆等在随后的八年中纷纷通过租赁居民的里弄住宅进驻到田子坊。在田子坊从启动到出名的八年中，完全是由社区、居民自发发起的，避免了被拆除的命运，现在成为上海一处独特的、具有地方历史文化特色的时尚街区（图 5-5）。

a

b

c

d

a 田子坊里的消费人群
b 田子坊里的游客
c 田子坊小巷一
d 田子坊小巷二
图 5-5 中国上海，田子坊

在研究区域内社区主导项目广泛存在，例如印尼佛洛雷斯岛的姆巴鲁娘（Mbaru Niang）村庄修缮项目。这是由印尼鲁玛阿苏（Rumah Asuh）基金会资助发起的由社区主导的重建项目，该项目也成为动员社区参与来解决一系列保护问题方面的成功案例（图 5-6）。

图 5-6 印尼佛洛雷斯岛的鲁玛阿苏村庄

5.3 “绅士化”现象的应对和社会混合性的保存

本节旨在概述“绅士化”现象在研究地区的成因及其与遗产保护的关系。

“绅士化”首先被用于欧洲的语境，特指中产阶级向工人阶级社区涌入的现象。这种现象给社区带来了巨大变革，也引发了围绕居住空间展开的争夺。随之而来的居民外迁和地价房价的上升导致弱势群体离开原住地，促使原有稳定社区的解体，一定程度上也威胁着城市社会在空间上的混合性。随后的绅士化又与西欧城市的经济衰落有关，主要是为了通过以住宅社区为主的城市更新来吸引中产阶级入住。“当代绅士化”已经向全球范围蔓延，对它的理解也早已超出了住房相关的概念范畴，从城市保护的视角它也可以被看成是对城市景观（主要是中心城区历史特征）的大规模改变。

在东亚和东南亚城市发生的绅士化现象可以被解读为当代“新建设驱动的绅士化”，主要由国家和开发商共同驱动，通过居民搬迁或者更为间接的地价变化来推动原有居民的迁居。由于快速的经济和人口增长、工业化进程和全球城市之间的竞争等因素，东亚和东南亚各国正在全力发展基础设施建设、住房和公共服务，这些行动也往往导致绅士化现象，以及大量传统建筑和历史街区的消失。此外，随着遗产的商业价值日渐受到认可，遗产变得越来越受瞩目，带来了对历史地区的大量投资，也导致这些地区的绅士化进程。在研究地区内的许多国家，开发商和国家常常把这些做法归为以推动城市提升或旅游业发展为目的的旧城更新和城市美化行动。因此，由于研究地区特有的社会政治和经济背景，关于绅士化现象的观点通常是充满矛盾的，我们需要进一步加以研究，避免一概而论。

5.4 文化作为推动对话、社会凝聚力的手段

本节旨在分析文化对建立合作网络、增进交流、传播理念以及在创造共同利益方面的作用。

增强社会凝聚力的战略涉及不同的领域，包括团体的活动和共同目标、支持性网络和互惠互利，以及共同的准则和价值观，等等。上述三个方面也有各自的相关实施途径：

（1）团体的活动和共同目标：指人们可以通过相互间的合作来增进各自的利益，通常以发展不同组织之间的合作交流网络来实现。

（2）支持性网络和互惠互利：指确保个人和组织可以通过合作实现双方或一方的预期目标，共间双方互帮互助。可以通过建立、发展和 / 或支持个人和政府 / 组织之间的合作提升这一过程。

（3）共同的准则和价值观：指人们具有共同的价值观和准则，可以通过发展和传播人们共同认可和接受的行为和规范来促进准则和价值观的形成，并确保社会的和谐关系，增进社区利益。

归纳起来，建立网络、增进交流与合作、传播可接受的理念，以及创造共同的利益是提升社会凝聚力和减少社会群体间冲突的主要策略。涵盖了物质和非物质遗产，乃至某些精神元素的文化。例如，一些地方的传统文化会让在当地生活成长的人心中建立起某些共识。这些传统文化，往往来源于人们对日常生活的经验，也包括某些年度或季节性的节日，不但能把本地居民聚到一起，也吸引着外来者的注意。这些活动和事件都为社会的交流和合作创造了机会。在研究地区内，各国都有许多诸如此类的文化事件，如泰国的泼水节、

图 5-7　泰国泼水节

澳大利亚的墨尔本杯（Melbourne Cup）赛马节和中国的端午节赛龙舟等（图 5-7—图 5-9）。

除了源于当地的传统文化习俗，物质和非物质遗产也可以推动这些目标的实现。在东亚、东南亚和太平洋地区，许多世界遗产地或者拥有世界遗产的城市都是热门的旅游目的地，遗产地旅游的组织、管理、培训、服务在恰当的运行机制下都具有让当地的社区及居民联合起来、协同一致、共同致富的潜力。如柬埔寨的吴哥窟、老挝的琅勃拉邦、马来西亚的马六甲和乔治城、日本的古都奈良、韩国首尔、澳大利亚悉尼等。

简而言之，文化和遗产有助于创造更多的机遇来发展团队活动和建立共同目标、发展网络并达成共同的准则和价值观。这些都表现出物质和非物质遗产可以为推动地方共同利益的发展，并在这一过程中为建立各方的合作网络和新的合作关系作出贡献，也能帮助实现增强社会凝聚力的目标。

图 5-8　澳大利亚墨尔本杯赛马节

图 5-9　中国福建端午赛龙舟

5.5 博物馆在推动城市发展过程中的作用

本节旨在阐述博物馆对城市和社区发展的影响，包括国家和城市身份的塑造、地方社区自豪感的树立以及社区建设等方面。

5.5.1 博物馆作为城市发展的推动因素

现代博物馆常常关注自身对教育、旅游、社会凝聚力和社区认同所产生的深远影响。最近，一些地区内的重要博物馆已经成为世界上最受瞩目且吸引游客最多的目的地，推动了地区内城市特征和身份的巩固，每年吸引的大量游客也对当地的社会经济和文化发展作出了贡献。其中，亚太地区最重要的博物馆包括：

（1）中国北京：中国国家博物馆、故宫博物院。

（2）中国台湾：台北故宫博物院。

（3）中国上海：上海博物馆。

（4）韩国首尔：韩国国家博物馆（National Museum of Korea）、国立民俗博物馆（National Folk Museum）。

（5）日本东京：东京国家艺术中心（The National Art Centre）、东京国立博物馆（Tokyo National Museum）。

（6）澳大利亚墨尔本：维多利亚国家美术馆（National Gallery of Victoria）。

（7）澳大利亚堪培拉：澳大利亚国家博物馆（National Gallery of Australia）。

（8）新加坡：亚洲文明博物馆（Asian Civilisations Museum）、新加坡国家美术馆（National Gallery Singapore）。

这些国家博物馆推动了这些全球城市，如北京、上海、首尔、东京和新加坡，城市特征和身份的建立，成为当地文化活动的中心，也是吸引投资和游客、推动城市发展、促进经济增长、推动就业和增加旅游收入的引擎，并从整体上提升着地方的生活品质。

5.5.2 博物馆作为社区发展的推动因素

同时，研究地区也拥有众多类型的小型博物馆，它们也在各地的发展中发挥了重要作用。作为一地保护和展示其自然和文化遗产的场所，发挥着在公众教育和公共参与方面的重要作用。博物馆的藏品展示了当地的总体特色和认同感，有助于激发地方社区的自豪感以及对自身历史和文化的热情。博物馆还可以为发展中地区提供就业机会，推动技能的发展。同时，博物馆也是不同社区群体聚会交流的公共空间，这对当今文化复杂多元的亚太地区尤其重要。在研究地区，博物馆可以是市民参与的场所，也可以让不同群体聚到一起形成跨文化的对话，还可以对教育起激发作用。作为有效的非正式的教育手段，博物馆已经在知识和技能的传播方面发挥了重要作用，也给减弱地区内普遍存在的“社会隔离”现象带来了积极的影响。

案例 25：老挝琅勃拉邦，传统艺术和民族文化中心（The Traditional Arts and Ethnology Centre at Luang Prabang, Lao PDR）

a

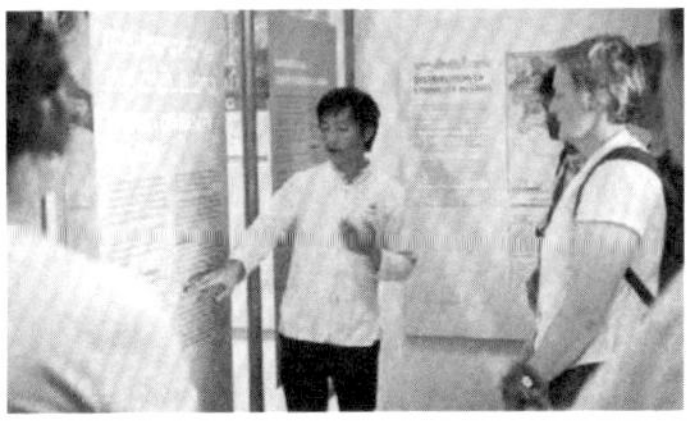
b

a 文化中心展厅
b 讲解导览
图 5-10 老挝琅勃拉邦，传统艺术和民族文化中心

位于琅勃拉邦的传统艺术和民族文化中心是一个小型的社区非营利组织，拥有复杂的利益相关者机制和各类职责。传统艺术和民族文化中心的资金主要来自游客收入，包括一些销售营销活动和服务型收费。中心鼓励外国游客购买当地手工艺品，让游客了解当地传统的同时宣传当地多元的民族文化。但传统艺术和民族文化中心并不仅仅是服务于外国游客的机构，它也是地方社区的公共资源。中心还针对当地社区举办教育活动，通过各种形式来建立社区和中心之间的非正式关系。同时还开展了诸如文化地图之类的研究活动，这些研究活动又反过来推动了当地手工业和其他产业的发展（图 5-10）。

案例 26：泰国南邦府，彭沙努寺社区博物馆 (Wat Pongsanuk Community-based Museum, Thailand)

a

b

c

a　社区博物馆展厅
b　文物信息整理记录
c　展品修复
图 5-11　泰国南邦府，彭沙努寺社区博物馆

位于泰国南邦府的彭沙努寺社区博物馆是一座专注于保护和传播南邦府佛教艺术品知识的寺庙博物馆。它由彭沙努寺的僧人和七位主要人员自发地进行管理。每个月博物馆都会迎来约 830 多位当地居民和 50 ～ 100 位游客。2008 年寺庙被授予联合国教科文组织亚太遗产保护奖以后，游客人数增加到每月 3000 ～ 4000 人，博物馆也从一处地方的保护和展示场所变为“课外”知识中心。自从寺庙主殿（ViharnPhra Chao Pun Ong）保护项目（2004—2009）实施以来，博物馆的一些展品得到修复，同时这些展品和寺庙建筑的图片得到了展出和出版，提升了当地的文化和保护意识。在这一过程中，彭沙努寺社区博物馆搭建起了佛教艺术品和当地社区之间的桥梁。当地人也受到鼓励参与到博物馆的活动和管理之中，获得了相关知识、经验和技能，也从中获得了可观的收入（图 5-11）。

案例 27：中国贵州，堂安乡村生态博物馆（Tangan Village Eco Museum, Guizhou, China）

该项目是一个政府借助民间力量建设和运营社区博物馆的创新案例。堂安村是一个传统风貌保存较为完好的侗族村寨，被列入了中国世界遗产预备名单。为了传承地方独特的传统文化，特别是传统的刺绣、稻田耕作、木构建筑建造工艺、织布染布等当地的非物质文化，当地文化部门计划在村里建造一个博物馆。这个博物馆不仅有传统的物品展示和解说的功能，还需要为村民提供技艺学习、社区交流的功能，同时兼顾游客服务和专业研究。2013年，当地政府与一个当地的民间文化机构合作，政府文化部门提供建设资金和专业指导，上述功能的运营实现和维护管理均由这家民间机构与社区及村民通过建立合作关系共同完成。项目聘请了当地的村民实施建造，外来志愿者协助管理，为专业人员建造了会议兼工作室、客房、餐厅和图书资料室。在这一过程中，博物馆为村民提供了参与博物馆资料收集的工作和其他博物馆服务就业岗位，同时开展非物质遗产活动的作坊，并指导村民运用传统技艺制作旅游产品，成为外部与村寨交流的纽带（图5-12）。

a

b

c

d

e

f

a 堂安乡村生态博物馆
b 博物馆资料中心
c 博物馆文化中心
d 博物馆传统手工作坊
e 博物馆住宿区
f 博物馆餐厅
图5-12 中国贵州，堂安乡村生态博物馆

6

6
总结

6.1 基于地方性的城市遗产保护

多样化、地方化的城市遗产保护方法和实践是研究地区的一个重要特征。其中既包括法律框架建构、理念方法探索、机制体系和政策项目设置，也包括项目目标设定、参与组织方式、资金来源体系。

从研究地区的实践可以发现，城市遗产保护与再利用以及基于文化的城市更新活动具有极大的地方性特征。这些案例实践的成功经验也表明了在全球范围内，城市遗产保护与城市更新的路径需要与本地的文化传统相结合。基于地方文化传统的城市遗产保护和城乡发展将成为该地区的一种普遍现象，而这种趋势将使城市和社区更加突显自身的文化身份特征。实践证明，基于当地传统文化理念的遗产价值研究，以及由此产生的结合各自国家甚至城市情况的因地制宜的理论与方法创新，丰富了全球城市遗产保护的思想和方法。

6.2 基于国家、地方、社区合作的城市遗产保护

国家主导在未来应该继续成为该地区遗产保护以及以文化为导向的城市更新的趋势。国家在文化和遗产保护的政策和法律制定、可持续发展目标设定以及项目和资金安排等顶层设计层面将起到不可替代的作用。

同时，地方和社区以及非政府组织的作用已经在许多项目中越来越多地体现出来，可以预见这类项目将逐渐成为重要的力量介入到本研究地区的城市保护与城市更新之中。在这一过程中国家将起到决

定性的作用。国家通过加强与地方和社区的合作，借助地方和社区的力量，主动积极地发掘、保护、利用本国和各地方的物质与非物质文化和遗产资源，包括传统知识体系、身份认同体系、社区与场所精神、城市历史肌理和传统建筑及纪念物，等等，从而促进社会的融合和经济的可持续发展，凸显地方和社区的文化价值，避免在全球化中身份丢失、生态与环境被破坏和社会冲突加剧等不可持续的状况发生。

虽然各国情况有很大的差异，但文化传统的多样性及其传统知识体系的丰富性是研究地区内各个国家和城市普遍存在的现实和价值所在，尤其表现为少数民族、土著和宗教的多样性。实践证明，在该地区内的地方社区（特别是传统社区）在城市更新和社会经济发展中发挥着重要的作用，其中参与式发展是一种保护和传承传统文化的多样性，保障社区权益，提升社会韧性，抵御各类风险的有效路径之一。

6.3 基于文化遗产的可持续旅游与基于传统文化的创意产业

该地区诸多城市的成功经验说明，基于文化遗产的可持续旅游以及基于传统文化的创意产业是各国和各城市利用文化和遗产资源推进城市更新、提升城市竞争力的有效方式，是推进城市（特别是历史城市和历史地区）可持续发展的重要途径。因此，应该将文化和遗产纳入各城市乃至国家层面的发展资源框架。

6.4 基于传统文化和城市遗产的竞争力

发展的竞争本质上是人才的竞争。人才竞争已经开始成为本研究地区各国和各城市发展的重要战略。各国和各城市独特的文化传统和城市遗产，已经开始显现出其对人才和投资的吸引力。因此，将地方文化和遗产的保护和传承纳入各个层面的法律法规体系中，同样也应该成为国家和地方发展战略的重要组成部分。

6.5 基于合作的能力建设

国际合作与支持、跨学科的合作、跨部门的协同是加强该地区文化与遗产保护与管理能力的三个主要途径。

不论是东亚、东南亚还是太平洋地区，在城市遗产保护领域整体上普遍存在知识与技术不足、资金缺乏、管理与法律不完善甚至是缺失的状况。因此，在较长的时间内，网络建设、专业和公众培训、交流和项目研究与实践、资金与技术支持，无论是在该地区内还是在全球范围内的合作，对该地区的能力建设将是十分必要的。虽然这类工作已经在开展，但是还远远不够。

跨学科的合作旨在提高专业人员的能力。城市遗产的综合性和复杂性要求相关的各个学科共同合作，更需要跨学科人才的培养。要使文化和遗产在可持续发展中发挥出更重要的作用，依靠某几个学科的独立工作是远远不够的。要实现这一目标，需要各国在文化与遗产科学研究方面的共同努力。同时，跨部门的协同有助于管理能力与管理效率的提高，特别是在法律法规的制定与执行、信息与资源的共享以及项目的协调方面。和跨学科合作类似，跨部门协同也需要国家（有时是城市）层面的政策和机制的创新。

参考文献

Agency for Cultural Affairs, Government of Japan (2014), *Policy of Cultural Affairsin Japan.*

Agency for Cultural Affairs, Government of Japan, *Our Treasure Cultural Landscape to future generations: Cultural Landscape Protection in Japan.*

Agency for Cultural Affairs, *Invitation to the system of preservation districts for groups of historic buildings.*

Agency for Cultural Affairs, *The World Heritage in Japan.*

Agustianada, P. (2010), "Urban heritage conservation in Surakarta, Indonesia: scenarios and strategies for the future", *International Journal of Civil & Environmental Engineering IJCEE-IJENS*, Vol: 12 No: 02, pp. 28-35.

AKAGAWA, N. & SIRISRISAK, T. (2005), "The Current Issues On Urban Conservation In Bangkok", *The 2005 World Sustainable Building Conference*,Tokyo, 27-29 September 2005 (SB05Tokyo).

Amarsaikhan, D., Battsengel, V., Egshiglen, E., Gantuya, R., Enkhjargal, D. (2011), "Applications of GIS and Very High-Resolution RS Data for Urban Land Use Change Studies in Mongolia", *International Journal of Navigation and Observation*, Volume 2011, Article ID 314507, 8 pages.

Apia Office, Cluster Office for the Pacific States (2013), *Post Disaster Needs Assessment/ Human Recovery Needs Assessment after Cyclone Evan (December 2012). Report on Cultural Heritage in Samoa.*

Armstrong, H. (2014), "Asian Heritage Management: Contexts, Concerns and Prospects", *Landscape Research,* Vol.39, Issue 5, 2014, pp. 602-604.

Asia Pacific Organisation of the International Council of Museums in partnership with the Vietnam Ministry of Culture and Information (2001), *Protection of Cultural Heritage in Southeast Asia. Workshop Proceedings, Hanoi, Vietnam.*

Asian Development Bank (2012), *The State of Pacifi c Towns and Cities: Urbanization In Adb's Pacific Developing Member Countries.*

Asia-Pacific Cultural Centre for UNESCO (ACCU) (2005), *Protection of Intangible Cultural Heritage in Japan.*

ASIA-PACIFIC DECENT WORK DECADE 2006-2015 (2013), *Cross-border labour migration in Cambodia: Considerations for the national employment policy.*

Australia Heritage Council, *Australia Heritage Council Period Report* (2007-2010).

Australia ICOMOS (2005), *Australia ICOMOS Code of Ethics of Co-existence in Conserving Significant Places.*

Australia ICOMOS (2005), *Australia ICOMOS Statement on Indigenous Cultural Heritage.*

Australia ICOMOS (2013), *The Burra Charter (The Australia ICOMOS Charter for Places of Cultural Significance, 2013).*

Australian Government Productivity Commission (2006), *Conservation of Australia's Historic Heritage Place – Productivity Commission Inquiry Report.*

Australian Heritage Commission (2000), *Protecting Local Heritage Places – A guide for communities.*

Ayer, K. (2014), "A Community Living on Water in Brunei Darussalam", *30th INTERNATIONAL PLEA CONFERENCE*, 16-18 December 2014, CEPT University, Ahmedabad.

Badamdorj, C. (2004), "Korean experiences on the urban functional zoning and land use management: The case of Seoul", *the journal of Mongolian Geographical Review*, No.4 Dec.2004.

BadanPelestarianPusaka Indonesia, CER, & World Monument Fund (2011), *Guidelines for managing post-disaster conservation of heritage buildings. Case study: Padang, West Sumatra.*

Beumer, C. *Social Cohesion in a Sustainable Urban Neighbourhood*, ICIS 2010.

Bristol, G. (2007). *Cambodia: the struggle for tenure.* Case study prepared for *Enhancing Urban Safety and Security: Global Report on Human Settlements 2007.*

Bruno Maltoni, Iom Phnom Penh (2007), *Migration In Cambodia: Internal Vs. External Flows.*

Buasorn, P. (2010), The Revitalization Of The Old Markets In Thailand.

Byambadorj, T., Amati, M. and Ruming, K. (2011), "Twenty-first century nomadic city: Ger districts and barriers to the implementation of the Ulaanbaatar City Master Plan", *Asia Pacific Viewpoint*, Vol. 52, No. 2, August 2011, ISSN 1360-7456, pp165–177.

Caballero, G. & Pereira Roders, A., (2014), "Understanding Trends on Urban Heritage Research in Asia" [conference paper] *12th International Conference on Urban History: Cities in Europe, Cities in the World.* Lisbon, Portugal: 3-6 September 2014.

Caballero, G. (2014), Applying the HUL Assessment Framework to the Singapore Botanic Gardens to Understand "What is Heritage" and "Why is it Important".

Cabinet (2012), *Tourism Nation Promotion Basic Plan.*

Canterbury Tales: The Canterbury Earthquake Heritage Buildings Fund: Post-disaster management in New Zealand (draft).

Centre for Architectural Heritage Research, the Chinese University of Hong Kong; Architectural Conservation Programmes in Faculty of Architecture, the University of Hong Kong; and Development Bureau, the Government of the Hong Kong Special Administrative Region (2014). *Consultancy Study on the Heritage Conservation Regimes in October Jurisdictions.*

Chan, Wai-Yin and Ma, Shu-Yun (2003), "Heritage Preservation and Sustainability of China's Development", *Sustainable Developemnt*, Vol. 12, pp. 15-31 (2004).

Cheng, Z. (2012), "The changing and different patterns of urban redevelopment in China: a study of three inner-city neighbourhoods", *Community Development*, Vol. 43, No. 4, October 2012, pp. 430–450.

Cherie, W. (1994), Living with the Past: Preservation and Development in Japanese Architecture and Town Planning. Retrieved on 14 October 2015, website: http://dspace.mit.edu/handle/1721.1/12003.

Chin, S. (2013), "Korean cultural identity and its globalization strategy", *Advanced Science and Technology Letters*, Vol.39 (Games and Graphics 2013), pp.62-68.

Cho, J. (2005), "Urban Planning and Urban Sprawl in Korea", *Urban Policy and Research*, Vol. 23, No. 2, 203–218, June 2005.

Cho, M. , Shin, S. (2013), "Conservation or economization? Industrial heritage conservation in Incheon, Korea", *Habitat International*, Vol. 41 (2014), pp. 69-76.

Choi, H., Takashi, O., Tsustu, K. (2010), "Analysis of creative industries policy and strategy in creative economy in the context of improving sustainability based on knowledge-based society", *Melbourne 2010 – The Third Knowledge City World Summit*, pp. 1317-1328, Melbourne.

Chui, H.M., Tsoi, T.M. (2003), "Heritage Preservation: Hong Kong & Overseas", *The Conservation Association.*

Chun, Z., Bin, L. (2008), "Cultural Approach to Planning of Inner City Regeneration – A Case Study of Nanluogu Alley in Beijing", *44th ISOCARP Congress 2008.*

City of Ballarat (2014), *Today Tomorrow Together: The Ballarat Strategy Our Vision for 2040. Preliminary Ballarat Strategy: Policy direction, Initiatives and the way.*

CoE (2008), *Towards an Active, Fair and Socially Cohesive Europe. Report of high level task force on social cohesion*. Strasbourg: Council of Europe.

Commemoration for the World Heritage Listing of the Historic Monuments of Ancient Nara (1999), *Development and Integrity of Historic Cities, 1999 Nara Seminar Report.*

Committee on the Preservation, Development and Utilization of Cultural Landscapes Associated with Agriculture, Forestry and Fisheries (2003), *The Report of the Study on the Protection of Cultural Landscapes Associated with Agriculture, Forestry and Fisheries.*

Commonwealth of Australia (2002), *Australia Natural Heritage Charter, for the conservation of places of natural heritage significance.*

Community Organizations Development Institute (2006), *Urban Development Towards Sustainable Cities And Housing For The Urban Poor In Thailand.*

conflict. (n.d.). Cambridge Dictionary Online. Retrieved 30 September 2015, website: http://dictionary.cambridge.org/dictionary/english/conflict.

Conservation Management Plan For the Historic City of Melaka (2008).

Corbett, T., Lane, M., Clifford, C. (1998), "Achieving Indigenous Involvement in Management of Protected Areas: Lessons from Recent Australian Experience", *Aboriginal Politics and Public Sector Management Research Paper No. 5 (1998)*, Centre for Australian Public Sector Management, Griffith University.

Council of Local Authorities for International Relations (CLAIR), Institute for Comparative Studies in Local Governance (COSLOG), & National Graduate Institute for Policy Studies (GRIPS) (2009), *New Possibilities for Local Promotion through Tourism.*

Creative Industries Division, Ministry of Economy, Trade and Industry (2012), *Cool Japan Strategy.*

Creative Industries, a Strategy for 21st Century Australia.

Cultural Heritage Administration, Republic of Korea, *Cultural Heritage Administration.*

Cultural Properties Administration, Republic of Korea (1995), *World Heritage Korea.*

Cultural Properties Department, Agency for Cultural Affairs, JAPAN (2005), *Protection of Intangible Cultural Heritage in Japan.*

DANG, P. (2005), "Environmentally Sustainable Urban Development in Vietnam", *Science Council of Asia*, May 12th, 2005.

Deacon, C. (2012), Sustainable Livelihoods in the Pacific Islands: the case of Levuka, Fiji

DeljanaLossifova, European Union, and Steinbeis GmbH & Co. KG für Technologietransfer (2014), *Europe China Research and Advice Network (ECRAN): Short Term Policy Brief 80. Cultural Heritage: Development and Preservation with Chinese Characteristics.*

Department of Foreign Affairs and Trade, Australia (2015), *Australia's approach to culture and heritage management through sustainable urban development.*

Dian, A.M., Abdullah, N.C. (2013), "Public Participation in Heritage Sites Conservation in Malaysia: Issues and challenges", *Procedia - Social and Behavioral Sciences*, Vol. 101 (2013), pp. 248 – 255.

Ding, C., Zhao, X. (2011), "Urbanization in Japan, South Korea, and China: Policy and Reality", *The Oxford Handbook of Urban Economics and Planning*. Retrieved on 14 October 2015, website: http://www.oxfordhandbooks.com/view/10.1093/oxfordhb/9780195380620.001.0001/oxfordhb-9780195380620-e-40.

Dore, G., Nagpal, T. (2006), "Urban Transition In Mongolia: Pursuing Sustainability In A Unique Environment", *Environment*, Vol. 48, No. 6, pp. 12-24.

Duflot, L. (2012), "Urbanization Policy in Malaysia and its Impacts", *McGill University.*

Eric Martin. (2010), Canberra Residential Heritage Precincts.

Esposito, A., "Singapore Heritage Policies and Programs: Sharing knowledge and expertise with the 'heritage industry' (draft)".

Fahmi, F. (2015), "Regional Distribution Of Creative And Cultural Industries In Indonesia", *academia.edu*. Retrieved on 14 October 2015, website: http://www.academia.edu/14695217/Regional_distribution_of_creative_and_cultural_industries_in_Indonesia.

Falck, H. (2004), The Historical Development of Japanese Capital Cities, their Houses, Temples, and Gardens.

Far Eastern University, Manila, "Partnerships for successful conservation (draft)".

Fisher, D. (2003), "Tourism, culture and development: whose culture? whose development?", *Institute of Development Studies, Massey University*.

Flower, B.C.R. (2012), "Cambodia's Urbanisation: Key Trends And Policy Priorities", Camboida Development Review, Vol. 16, Issue 2, April-June 2012, pp. 1-24.

Fluchter, W. (2008), "Shrinking Cities in Japan: between Megalopolises and Rural Peripheries", *electronic journal of contemporary japanese studies*, 28 October 2008.

Follows-Smith, Y. and Begawan, D. "Urban Development Combined with Sound Ecological Management", *academia.edu*. Retrieved on 14 October 2015, website: http://www.academia.edu/10033370/Bandar_Seri_Begawan_Brunei_urban_development_combined_with_sound_ecological_management.

Forrest, R., Kearns, A. (2001). *Social Cohesion, Social Capital and the Neighbourhood*. Urban Studies, 38(12), 2125-2143.

Future Now. Creative and Leisure Industries Training Council (2014), *Creative and Cultural Industries Workforce Development Plan Issues, Strategies and Priority Actions*.

Galla, A. (2008), "The First Voice in Heritage Conservation", *International Journal of Intangible Heritage*, Vol. 03, 2008, pp. 10-25.

gentrification. (n.d.).Collins English Dictionary - Complete & Unabridged 10th Edition. Retrieved 29 September 2015, website: http://dictionary.reference.com/browse/gentrification.

Government of Japan (1968), *City Planning Act*.

Government of Japan (2012), *White Paper on Tourism in Japan, 2012*.

Government of Republic of Korea (2008), *LANDSCAPE ACT*.

Government of Republic of Korea (2009), *CULTURAL HERITAGE PRESERVATION FUND ACT*.

Government of Republic of Korea (2010), *ACT ON CULTURAL HERITAGE MAINTENANCE, ETC*.

Government of Republic of Korea (2011), *ACT ON THE NATIONAL TRUST OF CULTURAL HERITAGE AND NATIONAL ENVIRONMENT ASSETS*.

Government of Republic of Korea (2011), *SPECIAL ACT ON THE PRESERVATION AND PROMOTION OF ANCIENT CITIES*.

Government of Republic of Korea (2012), *CULTURAL HERITAGE PROTECTION ACT*.

Government of Republic of Korea (2012), *KOREAN TRADITIONAL TEMPLES PRESERVATION AND SUPPORT ACT*.

Government of Republic of Korea (2012), *NATIONAL LAND PLANNING AND UTILIZATION ACT*.

Grodach, C., Silver, D. (2012), *The policies of urban cultural policy, global perspectives*, Routledge (19 Oct. 2012).

Guo, X., Recent development and challenges in China's urban development.

Han, L., Kim, J.Y. (2014), "A Study on Urban Regeneration of Shanghai", *Advanced Science and Technology Letters*, Vol.52 (SUComS 2014), pp.179-183.

Hanok Division, Housing Bureau, Seol Metropolitan Government, *The Outcome and Task of Hanok Regeneration in Bukchon Project*.

Harrison, D. (2010), "Levuka, Fiji: Contested Heritage", Current Issues in Tourism, Vol. 7, No. 4&5, 2004, pp. 346-369.

Harun, S.N., Ismail, I. (2011), "THE CONSERVATION PLAN FOR WORLD HERITAGE SITE: GEORGE TOWN, PENANG AND MALACCA, MALAYSIA", *The 1st International Conference On Rebuilding Place: From Culture To Art And Architecture*, University Kuala Syiah, Banda Acheh, Indonesia, 4 October4, 2011.

Harun, S.N. (2011), "Heritage Building Conservation in Malaysia: Experience and Challenges", *Procedia Engineering*, Volume 20, 2011, Pages 41-53.

Heritage Strategies International (2009), *The sustainability of the rehabilitation of urban heritage – Literature Review.*

Hesmondhalgh, D., Pratt, A. (2005), "Cultural Industries And Cultural Policy", *International Journal of Cultural Policy*, Vol. 11, Issue 1, 2015, pp.1-13.

Ho, E. (2012), Renewing the Urban Regeneration Approach in Hong Kong.

HOHN, U. (1997), "Townscape preservation in Japanese urban planning", *The Town Planning Review* Vol. 68, No. 2 (Apr., 1997), pp. 213-255.

Holistic heritage-management strategies for the revitalisation of intangible heritage: Nation-wide collaborations for the Regeneration of the Wayang Puppet Theatre tradition (draft).

Horayangura, M. (2003), Reconnecting Bangkok.

Hotels and Hospitality Group, Myanmar (2013), *Myanmar Hotel and Tourism Report: Spotlight on Yangon.*

Howkins, John. (2001), *The Creative Economy: How People Make Money From Ideas*, Penguin.

ICOMOS (2007), *World Heritage Convention, Cultural Landscapes of the Pacific Island.*

ICOMOS (2010), *Early Human Expansion and Innovation in the Pacific.*

ICOMOS Indonesia (2003), *PigamPelestarianPusaka, Indonesia, Indonesia Charter for Heritage Conservation.*

ICOMOS NEW ZEALAND (2004), *Charter for the Conservation of Places of Cultural Heritage Value.*

Ikebe, K. (2005), "Landscapes as Cultural Assets – The New Landscape Law Tests the Public's Sensibilities and Behaviour", *NLI Research Institute*. Retrieved on 14 October 2015, website: http://www.nli-research.co.jp/english/socioeconomics/2005/li050114.html.

Ikebe, K. (2012), "A Study about the Japanese landscape law including cultural landscape and Historic City Preservation and Restoration Act", *HortResearch* 2012 No. 66 pp. 1-9.

InderaSyahrul, M. R., Fukami, N., YahayaAhmad. (2014), "Cultural heritage, incentives system and the sustainable community: Lessons from Ogimachi Village, Japan", *Geografia. Malaysian Journal of Society and Space* 2014 Vol. 10 No. 1 pp. 130-146.

IOM International Organization for Migration, IOM Thailand (2011), *THAILAND MIGRATION REPORT 2011. Migration for Development in Thailand: Overview and Tools for Policymakers.*

Ishikawa, Y., "Protection of the "Buffer Zone" of the World Heritage Site, "Historic Monuments of Ancient Kyoto" and the Urban Planning Policy of the City of Kyoto.", *7th Seminar on the Conservation of Asian Cultural Heritage*, The World Cultural Heritage in Asian Countries: Sustainable Development and Conservation.

Issarathumnoon, W., Nishimura, Y. "The Implementation Of Conservation Plans Of The Rattanakosin Area, Bangkok", *Urban Design Lab*, Department of Urban Engineering, the University of Tyoto.

Issarathumnoon, W. (2004), "The Machizukuri Bottom-up Approach to Conservation of Historic Communities: Lessons for Thailand", *The Nippon Foundation (API Fellowships)* 2003-2004.

Jaafar, J. (2004), "Emerging Trends of Urbanisation in Malaysia", *Journal of the Department of Statistics*, Malaysia 01/2004.

Japan Consortium for International Cooperation in Cultural Heritage (2010), *Japan's International Cooperation in Heritage Conservation 2010.*

Japan Consortium for International Cooperation in Cultural Heritage (2010), *Survey Report on the Present State of Nan Madol, Federated States of Micronesia.*

Japan Consortium for International Cooperation in Cultural Heritage (2011), *Japan's International Cooperation in Heritage Conservation 2011.*

Japan Consortium for International Cooperation in Cultural Heritage (2012), *Survey Report on the Protection of Cultural Heritage in Republic of the Philippines.*

Japan Consortium for International Cooperation in Cultural Heritage (2013), *2011 Survey Report on International Cooperation Japan Consortium for International Cooperation in Cultural Heritage. Survey Report on the Protection of Cultural Heritage in Republic of the Union of Myanmar.*

Japan Consortium for International Cooperation in Cultural Heritage (2013), *Japan's International Cooperation in Heritage Conservation 2013.*

Japan Consortium for International Cooperation in Cultural Heritage (2014), *Japan's International Cooperation in Heritage Conservation 2014.*

Japan International Cooperation Agency (JICA), Yangon City Development Committee (YCDC) (2013), *The Republic of the Union of Myanmar: A Strategic Urban Development Plan of Greater Yangon. The Project for the Strategic Urban Development Plan of the Greater Yangon. FINAL REPORT I <SUMMARY>.*

Jimura, T. (2011), "The impact of world heritage site designation on local communities – A case study of Ogimachi, Shirakawa-mura, Japan", *Tourism Management*, Vol. 32 (2011) pp. 288-296.

Jin, D.Y. (2006), "Cultural politics in Korea's contemporary films under neoliberal globalization", *Media Culture Society January* 2006, vol. 28, no. 1, pp. 5-23.

Jones, A. (1997), "Urban conservation issues in Brunei Darussalam: the case of Brunei's water villages", Planning Perspectives, Vol. 12, Issue 4 (1997), pp. 457-475.

Jung-han Choi, Space Culture Center, *Duality of Commercialization of Urban Cultural Heritage Zone: Focused on the Insadong Case.*

Kam, K., Lim, M. (2014), Machizukuri: the community-driven approach in heritage conservation – a case study of the Nara Machizukuri Center.

Kamal, K.S., AbWahab, L., Ahmad, A.G. (2008), "Pilot Survey On The Conservation Of Historical Buildings In Malaysia", *Munich Personal RePEc Archive*, Paper No. 22478, posted 4. May 2010.

Kang, D., Development of Residents' Self-conservation System for Yangdong Historic Village, a World Heritage Site – Progress in 2 Years after the Village Was Inscribed on the World Heritage List.

Kang, M. (1998), "Understanding Urban Problems In Korea: Continuity And Change", Development and Society, Vol. 27, No. 1, June 1998, pp. 99-120.

Kazimee, B., Bartuska, T. (1998), "Constructing a Sustainable Urban Regenerative Proposal for Kyoto, Japan", *1998 ACSA INTERNATIONAL CONFERENCE.*

Kenzie, J., Work in the area of diversity and/or cultural expressions and how it relates to the Convention "Best practices, methodologies and approaches to measure the diversity of cultural expressions".

Keromo, P.B. (2003), "The National Conservation Programs For National Heritage In Malaysia", *2nd IFSAH 2003 & International Symposium on Asian Heritage* – 22 August to 10 September 2003.

Kim, C. (2012), "Development Potential of Industrial Infrastructure in the NK.C.R Border Region", *S & E* (Vol. 50).

Kim, H.M., Jang, K.S. (2014), "South Korea's urban development dilemma", *East Asia Forum, conomics, Politics and Public Policy in East Asia and the Pacific.*

Kim, M. (2011), "The Role of the Government in Cultural Industry: Some Observations From Korea's Experience", *Keio Communication Review*, No. 33, 2011, pp. 163-182.

Kim, S., Park, Y.C., "Changes in Korean Cultural Sites: Tales of two different cities, Insa-Dong, and Jeonju", pp. 85-99.

Kim, T.B. (2010), "Collaborative Governance For Sustainable Development In Urban Planning In South Korea", *eTheses Repository*. Retrieved on 14 October 2015, website: http://etheses.bham.ac.uk/747.

Kim, Y.M., Kim, H.S., Moon, S.Y., Bae, S. (2009), "Ubiquitous Eco-City Planning in Korea. A Project for the Realization of Ecological City Planning and Ubiquitous Network Society", *REAL CORP 2009: Cities 3.0 – smart, sustainable, integrative. Strategies, concepts and technologies for planning the urban future*, pp. 925-930.

Klimova, Z. (2010), Public Participation in Urban Renewal Projects: A Chinese Perspective.

Korea Research Institute for Human Settlement (KRIHS) (2011), *Urbanization and urban policies in Korea.*

Korea Research Institute for Human Settlement (KRIHS) (2013), *A Primer on Korean Planning and Policy: City Management and Urban Renewal.*

Korea Research Institute for Human Settlement (KRIHS) (2013), *A Primer on Korean Planning and Policy: Spatial Planning System.*

Korean National Commission for UNESCO (2010), *The 20th Century Urban Cultural Heritage in Our Daily Life.*

KOTAGEDE AFTER THE EARTHQUAKE: The Role Of Public-Private Partnership In Post Disaster Recovery.

Kou, Y. (2013), The Impacts of Urban Renewal: The Residents Experiences in Qianmen, Beijing, China

Kulsrisombat, N. (2008), "De Facto Urban Regeneration: A Case Study of Chiang Mai City, Thailand", *Sustainable City Regions*, Volume 7 of the series cSUR-UT Series: Library for Sustainable Urban Regeneration, pp.77-100.

Kyoto City (2001), *Outline of the Master Plan of Kyoto City: Life of peace, City of prosperity, Built on mutual trust Kyoto, in the 21st century, 2001-2010.*

Kyoto City, *Landscape of Kyoto.*

Kyoto City, *Plan for the Maintenance and Improvement of Historical Scenic Beauty of Kyoto.*

Kyung, S. Kim, K. J. (2011), *"State-facilitated Gentrification"in Seoul, South Korea: for Whom, by Whom, and with What Result?* In "The struggle to belong. Dealing with diversity in 21st century urban settings", Amsterdam.

Lao Pdr: State Of The Environment (2011).

Law for the Protection of Cultural Property (1950).

Law, C.L., Chan, C.W., Chui, W.T., Wong, Y.C., Lee, K.M., L.Y. Chau, L.Y. (2009), Urban Renewal Policies in Asian Cities for the Urban Renewal Strategy Review.

Lee, J.Y., Anderson, C., "Cultural Policy and the State of Urban Development in the Capital of South Korea", *relocation subsidy, limiting their stake in the process* (Ha 1995), pp. 111-129.

Lee, J.Y. (2000), "The Practice of Urban Renewal in Seoul, Korea: Mode, Governance, and Sustainability", *The 2nd International Critical Geography Conference*, August 9-13, 2000, Taegu, Korea.

Lee, K. (2007), "Questioning a neoliberal urban regeneration policy: the rhetoric of "Cities of Culture" and the City of Gwangju, Korea", *The International Journal of Cultural Policy* 12(4).

Lee, K.T., Options for Urbanization: Korean Experience.

Lee, Y., Cheonggyechon Restoration And Urban Development.

Lee, Y.L., Ismail, S., Aya, K. (2013), "The Roles of Cultural Spaces in Malaysia's Historic Towns: The case of Kuala Dungun and Taiping", *Procedia - Social and Behavioral Sciences*, Vol. 85 (2013), pp. 602-625.

Legislative Council Secretariat (2008), *Culture Heritage Management And Tourism: Models for Co-operation among Stakeholders. A case study on Vigan, Philippines.*

Levuka National Heritage Site (2015), *Fiji State Party Progress Report: The Historical Port Town Of Levuka – A World Heritage Site.*

Li, R., (2003), Urban Renewal at Neighbourhood Level: A case study of Huangjiadun neighbourhood in Wuhan city.

LIM, Y.M., KHOO, S.L., CH'NG, K.S. (2014), "Residents' Perspectives Towards Conservation In George Town World Heritage City: A Post-Unesco Listing Scenario", *Journal of Urban and Regional Analysis*, vol. VI, 2, 2014, p. 161-180.

Logan, W. (2001), "Globalizing Heritage: World Heritage as a Manifestation of Modernism and Challenges from the Periphery", *in 20th century heritage : our recent cultural legacy : proceedings of the Australia ICOMOS National Conference 2001*, 28 November - 1 December 2001, Adelaide, the University of Adelaide, Australia, University of Adelaide, Adelaide, S.Aust., pp. 51-57.

LorayneWoodend, RTPI, & Japan Foundation (2013), *A study into the practice of machizukuri (community building) in Japan.*

Lutzeler, R. (2008). "Population Increase and 'New-Build Gentrification' in Central Tokyo" in *Erdkunde,* Vol. 62, No. 4, pp. 287-299, Bonn.

Martinsson-Wallin, H. (2011), "The complexity of an archaeological site in Samoa: The past in the present", Pacific Island Heritage (*Terra Australis 35)*, ANU Press.

Martokusumo, W., "The Role of Urban Conservation and the Discourse on Modernisation in Indonesia, Case: Jakarta Kota", *academia.edu*. Retrieved on 14 October 2015, website: http://www.Academia.Edu/9705093/The_Role_Of_Urban_Conservation_And_The_Discourse_On_Modernisation_In_Indonesia_Case_Jakarta_Kota.

Martokusumo, W., "Urban Heritage Conservation In Indonesia, Experiences from the inner-city of Bandung and Jakarta Kota".

Mathéy, K., 2015. *Cultural identities social sustainability social cohesion.*

MCRB Sector-Wide Impact Assessment on Tourism (2015), *Linked Initiatives in the Myanmar Tourism Sector.*

Mie Oak Chae, Korea Research Institute for Human Settlement (KRIHS) (2012), *The 23rd EAROPH World Congress. Ancient Capital Conservation Plan for Sustainable Management of Historic City.*

Mie Oak Chae, Korea Research Institute for Human Settlement (KRIHS) (2014), *City-wide Cultural Heritage Protection System for Sustainable Tourism.*

Ministry for Culture & Heritage, *Value and culture: An economic framework. Cultural Policy Research Programme.*

Ministry for Culture & Heritage; Statistics New Zealand (2006), *Cultural Indicators for New Zealand.*

Ministry for Culture & Heritage; Statistics New Zealand (2009), *EMPLOYMENT IN THE CULTURAL SECTOR.*

Ministry of Finance & National Planning, Government of Fiji (2006), *GOVERNMENT OF FIJI, Parliamentary Paper Number 92 of 2006. Strategic Development Plan 2007-2011.*

Ministry of Land, Infrastructure and Transport (2006-2012, 2014), *White Paper on Land, Infrastructure, Transport and Tourism in Japan.*

Ministry of Land, Infrastructure, Transport and Tourism, Japan (MLIT), *An Overview of Spatial Policy in Asian and European Countries.*

Ministry of Land, Infrastructure, Transport and Tourism, Japan (MLIT), *Promotion of Urban Renovation and Compact Cities.*

Ministry of Land, Transport and Maritime Affairs (Urban Policy Division) (2009), *Enforcement Decree on Planning and Use of National Territory.*

Mirza, S. (2010), "Strategic urban planning and design tools for inner city regeneration, Towards a strategic approach of sustainable urban form future: the case of Bandung City, Indonesia", 46th *ISOCARP Congress 2010.*

Molland, S. (2010), "'The Perfect Business': Human Trafficking and Lao–Thai Cross-Border Migration".

Montira, T. (2006), "Korean Media Industry and Its Cultural Marketing Strategy of K-pop", *Asian Youth Culture Camp "Doing Cultural Spaces in Asia" Session 5 "Popular Culture and Music Industry in Asian Dynamics"*, 2006.

Moore, R. (2013), "Understanding Gentrification in Southeast and East Asia", in *Interdisciplinary Studies Journal,* Vol. 13, Mahidol University, Faculty of Social Sciences and Humanities, Bangkok, Thailand.

Moulder, L. (2014), Socio-Economic Trends Of The World Heritage List: How The Relationship Between Developed And Developing Countries Is Affecting The Future Of The World Heritage Program

Muneta, Y., Registration of Historic City and Preservation of Kyoto.

Mydin, O., Keling, N.A., Sani,N., Abas, N. (2014), "Assessment of Adaptive Reuse of Heritage Shop Houses for Sleep Lodging in Malaysia: Fulfilment of Conservation Guidelines", *SHS Web of Conferences, Volume 11, 2014, Sustainable Built Environment Symposium (SBES 2014).*

Nara Machizukuri Center Inc. (2013), *Project Report for fiscal 2012. Urban Conservation Network in Asia and its Future: Heritage, Cultural Identities and Asian Dynamism.*

National Graduate Institute for Policy Studies (2014), *Cultural heritage protection system in Japan: current issues and prospects for the future.*

National Institute of Statistics (Ministry of Planning, Phnom Penh, Cambodia) & Directorate General for Health (Ministry of Health, Phnom Penh, Cambodia) (2010), *Cambodia Demographic and Health Survey.*

National Research Institute of Cultural Heritage, Republic of Korea & Authority for the Protection and Management of Angkor and the Region of Siem Reap/Angkor, Kingdom of Cambodia (2010), *Asia Cooperation Program in Conservation Science ACPCS 2010. Report of research plan on "A study of traditional vernacular architecture in Korean".*

National Trust of Australia (Victoria), *Managing Heritage Cities in Asia and Europe: The Role of Public-Private Partnerships. Polly Woodside Tallship, Melbourne – National Trust of Australia (Victoria), Maintaining a sense of place in a changing landscape. (DRAFT*).

National Trust of Fiji Islands (2015), *2015 Report to INTO.*

Nguyen, T. (2008), "Tourism Development and the Sustainable Management of Cultural Heritage – A case study of Hoi An Ancient Town in Vietnam", *KDI School of Public Policy and Management in partial fulfillment of the requirements.*

Nugroho J. Setiadi, AgoestianaBoediPrasetya (2012), *Boosting Indonesia's Creative Industries: Identification Of People's Characteristics And Creative Behaviour.*

OECD (2011), *The Implementation of the Korean Green Growth Strategy in Urban Areas. OECD Regional Development, Working Papers 2011/02.*

Okata, J., Murayama, A. (2010), "Tokyo's Urban Growth, Urban Form and Sustainability ", *Megacities: Urban Form, Governance, and Sustainability.* Retrieved on 14 October 2015, website: http://www.springer.com/us/book/9784431992660.

Open Government Indonesia, *Indonesia 2014-2015 OGP Action Plan.*

O'Reilly, D. (2014), "Heritage and Development: Lessons from Cambodia", *Research Gate*. Retrieved on 14 October 2014, website: http://www.researchgate.net/publication/275155330_Heritage_and_Development_Lessons_from_Cambodia.

Pacific Asia Travel Association, *PATA Foundation Grants 1984-2014.*

Park, J. (2014), "National Guidance to Promote Korean Urban Regeneration", *Space &Environment*, Vol. 60, October 2014, pp. 1-20.

Peerapun, W. (2011), "Participatory Planning in Urban Conservation and Regeneration: A Case Study of Amphawa Community", *Procedia - Social and Behavioral Sciences*, Vol. 36 (2012) pp. 243-252.

Petit, P. (2008), "Rethinking Internal Migrations in Lao PDR: The Resettlement Process under Micro-Analysis", *Anthropological Forum*, Vol. 18, No. 2, July 2008, pp. 117 – 138.

Planning Tokyo's Urban Development.

Preservation and Utilization of Cultural Properties.

Prime Minister of Japan and His Cabinet (2004), *Basic Policies for Urban Renaissance.*

Promoting Regional Revitalization and Urban Renaissance (2004).

QIAN, F. (2007), "China's Burra Charter: The Formation and Implementation of the China Principles", International *Journal of Heritage Studies*, Vol. 13, Issue 3, pp.255-264 (2007).

Rabé, P., Thongbonh, T. &Vongsiharath, V. (2007), *Study on Urban Land Management and Planning in Lao PDR: Land Policy Study No. 5 under LLTP II*

Relph, Edward (1976), *Place and Placelessness*, Pion Ltd, 2008 Print.

Republic of Korea, *Nomination of Historic Villages of Korea: Hahoe and Yangdong. For Inscription on the World Heritage List.*

Richards, Z., Shen, C., Hobbs, J., Wu, C., Jiang, W., Beardsley, F. (2015), "New precise dates for the ancient and sacred coral pyramidal tombs of Leluh (Kosrae, Micronesia)", *academia.edu*. Retrieved on 14 October 2015, website: http://www.academia.edu/13031253/New_precise_dates_for_the_ancient_and_sacred_coral_pyramidal_tombs_of_Leluh_Kosrae_Micronesia.

Rii, H.U., Ahn, J. (2002), "Urbanization and its Impact on Seoul, Korea", *Urbanization, East Asia and Habitat II, Section 1: Globalization and Urban Transition*, pp. 47-70.

RikPonne, International Team Leader, GMS Sustainable Tourism Development Project in Lao PDR (2011), *Conservation Management Plan: Na Khung – Na Kout Historical Landscape, Viengthong District, Houaphanh Province, Lao PDR.*

Rod Fisher &Yudhishthir Raj Isar (2014), *South Korea Country Report: Preparatory Action, Culture In EU External Relations.*

Said S.Y., SyedZainal S.S., Thomas M.G., Goodey B. (2013), *Sustaining old historic cities through heritage-led regeneration*, WIT Press.

Said, S.Y., Aksah, H., Ismail, E.D. (2013), "Heritage Conservation and Regeneration of Historic Areas in Malaysia", *Procedia - Social and Behavioral Sciences*, Vol. 105 (2013), pp. 418-428.

Salastie, R. (1999), Living Tradition or Panda's Cage? An Analysis of Urban Conservation in Kyoto. Case Study: 35 YamahakoNeighgourhoods.

Sapu, S., Usavagovitwong, N. (2007), "Driven-Mechanism For Local Heritage Conservation: Samshuk Old Market District, Suphanburi, Thailand", *Research Gate*. Retrieved on 14 October 2015, website: http://www.researchgate.net/publication/265818978_DRIVEN-Mechanism_For_Local_Heritage_Conservation_Samshuk_Old_Market_District_Suphanburi_Thailand.

SASAKI, M. (2003), "Kanazawa: A Creative and Sustainable City", 政策科学 , Vol. 10-2, Jan. 2003, pp. 17-30.

Sasaki, M. (2004), "The Role of Culture in Urban Regeneration", *Forum Barcelona 2004*.

SASAKI, M. (2008), "Developing Creative Cities Through Networking", 政策科学 , Vol. 15-3, Mar. 2008, pp. 77-88.

Scott, G. (2003), "The Cultural Property Laws of Japan: Social, Political, and Legal Influences", *Pacific Rim Law & Policy Journal* Vol. 12 No. 2, pp. 315-402.

Sekaringtyas, P. (2002), Knowledge Dynamics in Indonesian Cultural Industries. The case of Kasongan pottery cluster and Kotagede silver craft cluster in Yogyakarta Region. Retrieved on 14 October 2015, website: http://su.diva-portal.org/smash/record.jsf?pid=diva2%3A788435&dswid=3013.

Seoul Metropolitan Government, *Urban Planning of Seoul.*

Setiawan, B.B. (2003), "Conservation Movement in Indonesia: the roles of local communities and NGOs", *2nd IFSAH 2003 & International Symposium on Asian Heritage – 22 August to 10 September 2003*.

Shima, Hiramoto, Seta, Katayama, Kim, Cho, Matsutani (2007), "Tokyo's Large-scale Urban Redevelopment Projects and their Processes", *43rd ISOCARP Congress 2007*.

Shinawatra, W. (2012), "Understanding Cultural Landscapes in Thai Urban Context: Bangkok as a Neglecting Water-based City", *The 6th South East Asian Technical University Consortium (SEATUC) Symposium*, March 6-7, KMUTT, Thailand.

SIL International (2015), *Ethnologue: Languages of Honduras, Eighteenth edition data.*

Silapacharanan, S. &Dupuy, J. (2011), "The Impacts Of The Enhancing Value Of Traditional Architecture On Regional Development", *ICOMOS 17th General Assembly*, 2011-11-27 / 2011-12-02, Paris, France.

Siregar, J., Antariksa and Kurniawan, E. (2012), "Cultural significance determination as preliminary analysis in preserving urban historical area: Case study on municipality of Blitar, Indonesia", *IOSR Journal of Engineering (IOSRJEN)*, Vol. 2 Issue 8 (August 2012), pp. 16-22.

Smith, A. (2007), "Building Capacity in Pacific Island Heritage Management: Lessons from Those Who Know Best", *Archaeologies: Journal of the World Archaeological Congress* (2007), DOI 10.1007/s11759-007-9023-y.

SPACE GROUP, Seoul, Korea, *Revitalization of the historic district of Bookchon, Seoul.*

Srikam, W. (2006), "Urbanization and Urbanism in Thailand", *JUCR*.

Srinivas, H. (1999), "Prioritizing Cultural Heritage in the Asia-Pacific Region: Role of City Governments". *GDRC Reseaarch Output* E-047. Kobe, Japan: Global Development Research Center. Retrieved on 14 October 2015, website: http://www.gdrc.org/heritage/heritage-priority.html.

Srinivas, H., "Planning Practice in Japan", the Japan Urban Observatory. Retrieved on 14 October 2015, website: http://www.gdrc.org/uem/observatory/jp-practice.html.

STATE-OF-ART HOUSING BANK, *URBAN PLANNING POLICIES IN THAILAND.*

Steinberg, F. (2011), *Revitalization of Historic Inner-city Areas in Asia: Urban Renewal Potentials in Jakarta, Hanoi and Manila.* Retrieved on 14 October 2015, website: http://www.adb.org/publications/revitalization-historic-inner-city-areas-asia-potential-urban-renewal-ha-noi-jakarta.

Surjono, Wulandari, D., Usman, F. (2010), "Engagement of urban upgrading and urban renewal in Jakarta", *International Journal Of Academic Research*, Vol. 2, No. 5, pp. 296-301.

Sustainability East Asia LLC, Mongolian Academy of Sciences Institute of Archaeology, Statistical Research, Inc., and University of Arizona (2011), *Protecting the Past, Preserving the Present. Report on Phase 1 Activities of the OyuTolgoi Cultural Heritage Program Design for ÖmnögoviAimag.*

Suwa, S. (2006), The Preservation of Kyo-machiya: A Survey of Past History, Future Plans and Current Attitudes Regarding the Unique Vernacular Architecture of Kyoto.

Takano, G. (2008), "Engaging Private Sector Support: A Comparative Study of Samoa, California, and Levuka, Fiji", *ICOMOS General Assembly 2008*.

TANABE, K., A Comparative Study of Urban Renewal in Singapore and Djakarta: An Examination of the Basis Underlying City Planning.

Tantinipankul, W. (2004), "Thailand's neglected urban heritage: Challenges for preserving the cultural landscape of provincial towns of Thailand", *Int. J. of Tourism Anthropology*, 2013 Vol.3, No.2, pp.114 - 129.

Tao, M., The Political Processes of Administering Landscape Preservation: A Case Study on the City of Kyoto

Techaratpong, P. (2014), "Cultural Production and Urban Regeneration: The Case Study of Amphawa District, Thailand", International Scholarly and Scientific Research & Innovation, Vol. 8, Issue 5, 2014, pp.1207-1211.

The Cultural Properties Administration, Republic of Korea (1999), *WORLD HERITAGE LIST APPLICATION: Kyongju Historic Areas.*

The Getty Conservation Institute (2004), *Principles for the Conservation of Heritage Sites in China.*

The Government of Japan (Ministry of Foreign Affairs, Agency for Cultural Affairs, Ministry of the Environment, Forestry Agency) and UNESCO World Heritage Centre (2012), *Celebrating 40 years of the World Heritage Convention.*

The Government of the Republic of Fiji Islands (2010), *SECRETARIAT OF THE PACIFIC COMMUNITY, 23rd COUNCIL OF PACIFIC ARTS.*

The Heart of the Nation Strategic Working Group, & the Prime Minister and Minister of Arts, Culture and Heritage (2000), *The heart of the nation a cultural strategy for aotearoa New Zealand.*

The Project for the Strategic Urban Development Plan of the Greater Yangon, Final Report I (2013).

The State Peace and development Council (1998), *The Protection And Preservation Of Cultural Heritage Regions Law (1998).*

The U.S. Committee of the International Council on Monuments and Sites, the U.S. Information Agency, & the Getty Conservation Institute (1991), *Cultural Heritage in Asia and the Pacific: Conservation and Policy. Proceedings of a Symposium held in Honolulu, Hawaii, September 8-13, 1991.*

The World Bank Japan International Cooperation Agency, ALMEC Cooperation (2011), *Study of Japanese Experiences on Sustainable Urban Development including Pollution Control and Management, Resource/Energy Efficiency and GHG Reduction.*

Tominaga, M. (2011), "Urban and Spatial Planning in Japan", *Open Library*. Restrieved on 14 October 2015, website: http://www.oalib.com/paper/2399319#.Vh4VX-Ghfcs

Tunprawat, P. (2009), "Managing Living Heritage Sites in Mainland Southeast Asia", *academia.edu*. Retrieved on 14 October 2015, website: http://www.academia.edu/1577904/Managing_Living_Heritage_Sites_in_Mainland_Southeast_Asia_Ph.D._Thesis.

Tylor, Edward B., *Primitive Culture: Researches into the Development of Mythology, Philosophy, Religion, Language, Art, and Custom.* 2nd ed. 2 vols. London: John Murray, 1873. Print.

UN HABITAT (2013), *State of the World's Cities 2012/2013 Prosperity of Cities.*

UNESCO and Australia ICOMOS (2004), *Training Workshops In Cultural Heritage Management In The Pacific Island Nations.*

UNESCO (1976), *Cultural policy in the Republic of Korea.*

UNESCO (2009), *Hanoi Declaration on Historic Urban Landscapes.*

UNESCO and Hangzhou (2013), *The Hangzhou Declaration Placing Culture at the Heart of Sustainable Development Policies.*

UNESCO Office in Phnom Penh, & Municipality of Phnom Penh (2006), *The Preservation of Urban Heritage in Cambodia: Report and Conclusions of the National Seminar held in Phnom Penh.*

UNESCO Office of the Regional Advisor for Culture in Asia and the Pacific (2000), *Culture Heritage Management And Tourism: Models for Co-operation among Stakeholders. A case study on Vigan, Philippines.*

UNESCO with the support of the Government of the Republic of Korea (1999), *GIS and Cultural Resource Management: a Manual for Heritage Managers.*

UNESCO World Bank (2000), *China-Cultural Heritage Management and Urban Development: Challenge and Opportunity.*

UNESCO World Bank (2011), *Vietnam Urbanization Review Technical Assistance Report.*

UNESCO World Bank (2014), *A Regional Companion to the World Development Report 2014: Hardship and Vulnerability in the Pacific Island Countries.*

UNESCO World Bank (2015), *East Asia's Changing Urban Landscape: Measuring a Decade of Spatial Growth.*

UNESCO, *State of Conservation of the World Heritage Properties in the Asia-Pacific Region.*

United Nations ESCAP (2013), *Urbanization trends in Asia and the Pacific.*

UNITED NATIONS Office on Drugs and Crime (2005), *Myanmar Country Profile.*

United Nations Population Fund Pacific Sub-Regional Office (2014), *Population and Development Profiles: Pacific Island Countries.*

Urban Renaissance Agency (UR), *Profile of UR.*

Urban Renewal Authority, Japan (2009), *A Study on Urban Renewal Policies of Other Cities in Asia: A Supplementary Study Report on Development Rights in Taipei and Tokyo.*

Urban Research Plaza, Osaka City University (2007), *URP GCOE DOCUMENT 4: Urban Regeneration and Creativity.*

Urban Research Plaza, Osaka City University (2011), *URP GCOE DOCUMENT 9: International Symposium – Urban Regeneration through Cultural Creativity and Social Inclusion.*

Urbanization Dynamics and Policy Frameworks in Developing East Asia, East Asia Infrastructure Department, & The World Bank, *Issues and Dynamics: Urban Systems in Developing East Asia. Cambodia.*

USAID FROM THE AMERICAN PEOPLE, *Mongolia Country Profile.*

Van Gelder, S., Allan, M. (2006), *City Branding-How Cities Compete in the 21st Century.* Placebrands.

Walter, R.K., Hamilton, R.J. (2014), "A cultural landscape approach to community-based conservation in Solomon Islands", *Ecology and Society* 19(4): 41.

Wang, J. (2012), "Evolution of Cultural Clusters in China: Comparative Study of Beijing and Shanghai", *Architectoni.ca* 2012, 2, pp. 148-159.

Watanabe, S., "The Historical Analysis of the 'KunitachiMachizukuri Movement': Its Nature and the Role of Professor Shiro Masuda", *15th International Planning History Society Conference.*

Wiyancoko, D., "Community-Based Industry in Indonesia: Cultural Identity or Responsibility", *HRD Task Force Symposium, Yunlin*, Oct 15-17.

Wong, T. C. (2006). "Revitalising Singapore's Central City through Gentrification: The Role of Waterfront Housing" in *Urban Policy and Research,* Vol. 24, No. 2, 181-199, Routledge.

Wu, H., Tan, W. (2014), "Urban Renewal in Historical Cities in China: Exploring Methods based on Urban Form Studies", *Athens Journal of Tourism*, Vol. 1, No. 3, pp. 203-215.

Yaakob, U., Masron, T., Masami, F. (2012), "Ninety Years of Urbanization in Malaysia: A Geographical Investigation of Its Trends and Characteristics", Ritsumeikan Journal of Social Sciences and Humanities, Vol. 4, pp. 79-101.

Yamasaki, M. (2005), "Control Tools for Conservation of Historic Townscape with Citizen's Strong Property Right: Experience of Kyoto", *15th ICOMOS General Assembly and International Symposium: 'Monuments and sites in their setting - conserving cultural heritage in changing townscapes and landscapes'*, 17 – 21 oct 2005, Xi'an, China.

Ye, L. (2011), "Urban regeneration in China: Policy, development, and issues", *Local Economy*, Vol. 26(5), pp. 337-347.

Yim, H. (2002), "Cultural Identity and Cultural Policy in South Korea", *The International Journal of Cultural Policy*, 2002 Vol. 8 (1), pp. 37-48.

Youn, E. (2007), "A Comparison of Cultural Districts in Seoul: Recent Policies and Possibilities for Creative Industry Growth", *Conference: When Creative Industries Crossover with Cities.*

Yue, A. (2006),"The Regional Culture of New Asia: Cultural governance and creative industries in Singapore", *International Journal of Cultural Policy*, Vol. 12, No. 1, 2006.

Yuen, B., Ng, T. (2001), "Urban Conservation in Singapore: Tradition or Tourist Bane? ", *Planning Practice & Research,* Vol. 16, No. 1, pp. 39-50, 2001.

Yuen, B. (2003), "Searching for place identity in Singapore", *Habitat International*, Vol. 29 (2005), pp. 197-214.

Yuen, B. (2006), "Reclaiming Cultural Heritage in Singapore", *Urban Affairs Review*, Vol. 41, No. 6, July 2006, pp. 830-854.

Yuen, B. (2011), "Centenary paper: Urban planning in Southeast Asia: perspective from Singapore", TPR, Vol. 82 (2) 2011 doi:10.3828/tpr.2011.12.

Zhai, B., Urban Regeneration of China's Historical District in a Transitional Economy: Case Study of the Drum Tower Muslim District, Xi'an City, P.R. China.

下篇

案例研究

7

7
东亚地区

7.1 韩国：首尔北村（Bukchon, Seoul, Republic of Korea）

韩屋（Hanok）更新与地区复兴

有六百年历史的北村位于韩国首都首尔，是以传统韩屋及其街道为主的居民区，也是韩国的重要文化遗产。历史上，这片区域内的遗产建筑曾被拆除，严峻的居住环境也给当地带来一系列问题，导致这里的传统民居几近消失。然而，北村保护项目为该地区重新注入了活力，通过韩屋的修复、当地生活设施和基础设施的改善和更新，提升了当地的居住条件，赋予了这些传统建筑多样化的用途，并最终提升了整个地区的价值。北村案例展示了文化和遗产可以增强遗产建筑的附加值，以及修复遗产建筑可以对地区更新产生的推动作用。

7.1.1 主要特征

北村因其地理位置而得名，即“清溪川北部的村落”，占地面积约1.12平方公里。北村的韩屋最先主要是为朝鲜时代（1392—1897）的艺人和朝臣而建。19世纪晚期的日占时期，由于当地出现严重的土地短缺，这里就被划分成许多小地块，用来建造新的房屋。与原先的韩屋相比，这些新建造的民居面积更为狭小。这些依照标准模式建造的中小型韩屋主要被卖给韩国的低收入民众。与传统韩屋不同的是，北村地区的韩屋更适应20世纪30年代的现代化城市生活方式。这些韩屋是运用现代材料，如玻璃、锡材、砖瓦等建造的新型建筑。这些房屋既是人们的日常居住空间，也是重要的休闲、交流和某些耕作劳动的公共场所。狭小的街道沿南北向的溪流延伸。伴随着旧时的记忆，北村的街巷作为展示首尔历史的景观极具价值。

7.1.2 待解决的主要问题

20 世纪 70 年代，当地制定了保护规定。北村的风貌随着当地一所著名中学的外迁发生了重大改变。为了保护北村的韩屋，1976 年当地被划定为韩国的“民俗景观地区”，但在当时并没有得到任何法律上的保护。1977 年，引入建筑限高措施，但仅仅覆盖北村西部的一小片区域，而不是整个地区。

在之后的十年内，各项保护措施纷纷得以实施。1978 年，在前徽文高中的位置新建了一座大型的 15 层办公楼，自此，北村韩屋的保护成为迫在眉睫的问题，保护行动也由此展开。1983 年，为了保存韩国的传统建筑、维持北村地区的传统风貌，整个北村地区被划定为“第四级美观地区”。1984 年，颁布了《针对特殊地区的建造限制规定》（*Restriction of Construction in Specific Zone*）来规范地区内建筑的体量和风格。1985 年发布了一项条例，规定向区域内的韩屋所有者免除 50% 的房产税。但由于公共部门的一些道路拓宽项目，许多韩屋依然遭到拆除。

20 世纪 90 年代，由于监管的放松，更多的韩屋被相继拆除。1990 年夏季，一场暴雨导致部分韩屋坍塌，造成居民伤亡，当地居民进行了抗议，认为现有的规范严重侵害了他们的权益。最终，首尔政府将地区内的高度限制放宽至 10 米以下。自此，北村的许多韩屋被迅速拆除，被其他风格的建筑取而代之，当地的文化景观也遭到严重破坏。

鉴于当地所面临的主要问题，北村保护和更新项目的目标不仅在于保存区域内的古老城市形态，如街道、土地和房屋等，还要尊重人们的生活模式，并振兴当地社区。通过韩屋的更新项目，恢复以低层建筑为主的城市景观和传统风貌。此外，在地方社区的参与方面，该项目要求根据居民的意愿并在他们的支持下制定更新模式。项目还计划提高民众的参与度，尊重他们的意见，由此让多数市民最终接受了历史文化地区的相关政策。除此以外，该项目还通过实施韩屋登记制度，鼓励居民自愿登记房屋信息以获得房屋改善的补助和其他形式的优惠，包括居民停车许可等。

7.1.3 治理机制

首尔北村韩屋更新项目主要包含三方面的政策措施：

（1）《北村更新规划》（*Bukchon Regeneration Plan*），是市政府委托首尔发展研究院开展的一项研究，是制定新政策的基本要点，特别是指出过去政策的不足和错误。

（2）《更新北村的全面措施（2000）》（*Comprehensive Measures to Revitalize Bukchon* 2000），主要由首尔市制定。

（3）1999 年制定的首版《首尔市中心管理规划》（*Downtown Management Plan*）。

北村韩屋更新项目主要由地方政府出资。项目开始前，首尔发展研究院对北村地区开展了全面的调查研究，对项目进行了详细规划，同时由首尔大学开展分析研究，确定了北村地区的特色以及当地韩屋的特征，并撰写成报告。这份报告也成为当地韩屋日后更新的基础。此外，在项目实施期间，为了取得民众的信任并提高他们的参与度，还实行了“韩屋登记制度”。

7.1.4 基于地区复兴的韩屋更新

项目的主要工作是针对北村的建筑和环境进行整治。首先，通过以下方式对地区内的韩屋进行更新，包括改造韩屋、鼓励韩屋和非韩屋建筑的销售、改善北村地区的各种设施等。其次，项目要求整治街道环境，提升美观性，同时在更新过程中，加强城市和社区合作来推进项目的实施。项目实施的第一步是对地区现状进行分析，随后对各栋建筑逐一进行修复。专家委员会成员会对房屋修建进行审查以确保工程按照既定的规划进行施工，在此前提下才发放全额的补助。此外，还对北村的基础设施进行了大量的投入，对架空电线做了入地工程，重新整修了路面，对民居的厨房、卫生间管道和其他设施也进行了改造。

除此以外，首尔住房公司还把缺乏维护，或者需要通过保护或改造赋予新用途的韩屋购买下来作为示范案例，进一步推动了韩屋的销量。近期，设立了公共文化机构“北村传统文化中心”来组织和支持当地的公众活动。

7.1.5 成效和经验

通过北村的韩屋更新和地区复兴项目，地方社区得以再现传统韩屋街区风貌和当地文化的特殊价值。该项目也在城市更新过程中为展示历史街区价值、增强公众的遗产保护意识做出了有益实践。

(1) 修复工程切实改善了当地的居民的居住条件，给韩屋配备了现代化设施，如煤气管道和电路等。

(2) 推动了针对韩屋的公共收购和再利用，除了首尔住房公司购买的七处韩屋以外，2002 年至 2005 年 5 月期间，又有 20 栋韩屋和非韩屋被出售。而这些韩屋被用于不同的功能，如旅社、博物馆、文化中心和工坊等。

(3) 当地的小街巷得到保存，拆除了一些非韩屋建筑来建造公共停车场。

(4) 随着旅游的开发，当地的历史和文化价值得到了体现。为期四年的北村项目顺利完工，重新激活了当地的物质和非物质历史和文化资源，北村发生的变化也引起了海内外媒体的广泛关注。

(5) 市民的心态和认知发生了重要变化，参与程度也越发活跃。越来越多的当地居民和非政府组织对北村的韩屋产生兴趣，并出现越来越多自发的保护行为。北村项目的成功体现了民间团体在城市更新过程中的参与度和积极性,公众对当地价值的认识也得到了提升。

随着项目工程的开展当地的房价开始攀升。1997 年至 1999 年间，北村的地价几乎没有什么波动，但 2001 年保护项目开始实施以后，到 2003 年地价上涨了 28%，并在 2004 年至 2007 年间继续攀升，上涨幅度达到 57%。

此外，北村传统文化中心也支持举办了一系列活动，如“北村文化学校”“北村文化论坛”、阿伦吉吉(Arunjigi)文化守卫者基金会、加霍明瓦(GahoeMinhwa)工作坊等，并与相关团体进行合作开展了“建设步行之城市民团体”“韩屋村守护者团体”“韩屋爱好者市民网络”“韩屋文化馆”等活动（图 7-1）。

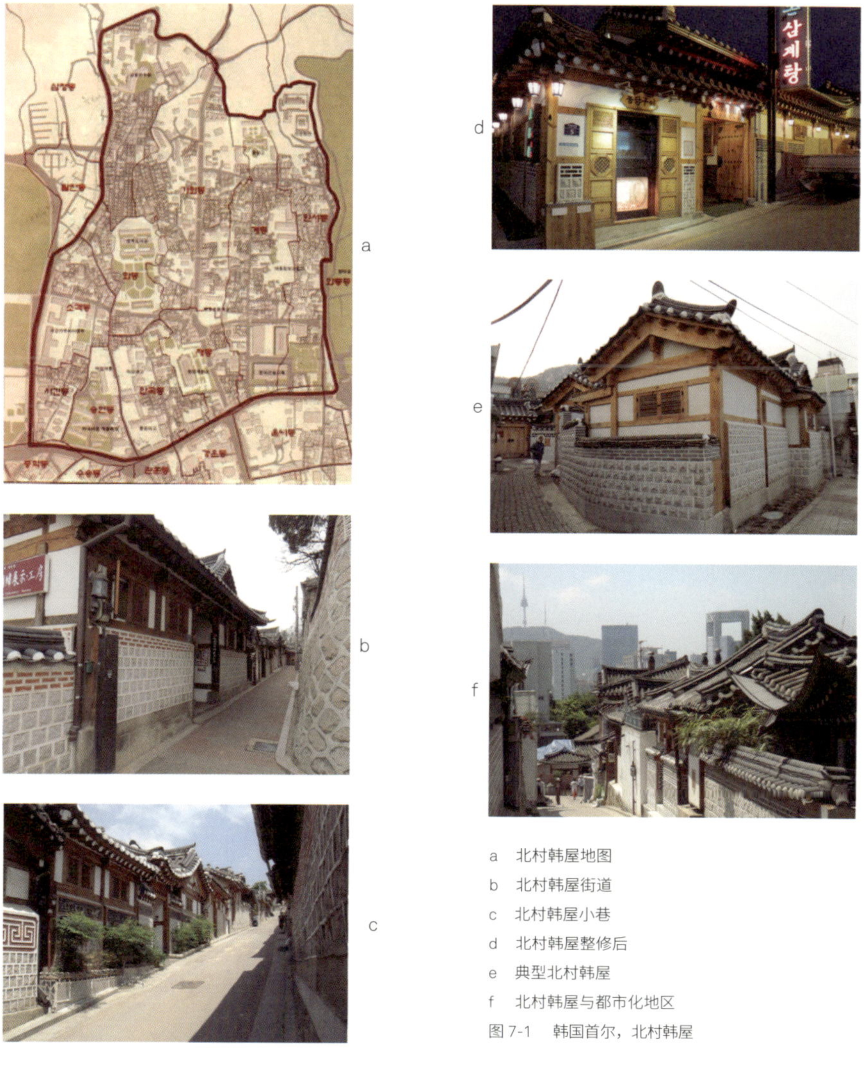

a　北村韩屋地图
b　北村韩屋街道
c　北村韩屋小巷
d　北村韩屋整修后
e　典型北村韩屋
f　北村韩屋与都市化地区
图 7-1　韩国首尔，北村韩屋

延伸阅读

Choi, Yoo.Son., Seung-Woo.Lee., Kang-Hyun.Im., Seung-Bin. (2012), “An Analysis Study of Landscape View Point on Urban Histo-Cultural Area: Focused on BukchonHanok Village”, 韩国传统造景学会志， Vol. 30, No. 3, pp. 80-85.

Chung, Sek. (2010), Continuity and Change in Bukchon Policy in the Era of Local Autonomy, *Journal of Seoul Research*, 40, pp. 207-253.

Han, H.D., Lee, K. (2010), The Outcome and Task of Hanok Regeneration in Bukchon Project, *The 20th-Century Urban Cultural Heritage in Our Daily Life*.

Jeong, S. (2010), “A New Task for Bukchon Project: from ‘Hanok’ Conservation to ‘Village’ Conservation”, *The 20th-Century Urban Cultural Heritage in Our Daily Life*.

Kim, A.M. (2015), “Saving Bukchon: Preservation of the Historic Urban District in Seoul, Korea”, *2015 Hawaii University International Conferences: Arts, Humanities, Social Sciences & Education*. January 03-06, 2015.

Kyung-A Lee. (2012.7), “A Study on the Transfer of Hanok’s Ownership and Changes of Owner’s Recognition since the Bukchon Regeneration Project”, 大韩建筑学会论文集计划系第 28 第 7 号 , pp. 185-192.

Seoul Metropolitan Government (2015). *BukchonHanok Village*. Retrieved on 15 October 2015, website: http://bukchon.seoul.go.kr/eng/index.jsp.

Seoul Solution (2014). *Bukchon Conservation Project (2011-2004)*. Retrieved on 15 October 2015, website: https://seoulsolution.kr/content/urban-regeneration-historic-neighborhood-bukchon?language=en.

7.2 日本：京都（Kyoto, Japan）

全面而整体的方法——京都市的城市景观政策

京都位于本州岛中部，是日本保存最为完好的古城之一。京都被称作“千庙之城”，是日本的古都，也是“京阪神都会区”的重要节点。京都的历史纪念物既包括一系列宗教、行政和乡土建筑，又有保存完好的城市形态，当地的部分遗产于 1994 年列入联合国教科文组织世界遗产名录。京都主要的产业有传统的日本手工业，十分发达并享誉世界。京都还以延续千年的各类文化节日和民族传统闻名于世，如祇园祭便是日本最为著名的节庆之一，且至今仍在进行。如今，京都作为一座繁华的城市，也是亚太地区城市快速发展背景下城市遗产保护方面公认的最佳案例之一。

7.2.1 城市的主要特征

京都总面积为 828 平方公里，人口约 150 万。始建于公元 8 世纪的京都主要是仿照中国的古城所建，在 19 世纪中期以前是日本的首都，一千多年以来一直作为日本的文化中心。京都散布着皇家寺院，并以众多与自然山水融为一体的历史建筑群为特点，形成独特的文化景观。1994 年，京都的 16 座寺庙建筑以及 1 座非宗教建筑二条城被列入世界遗产名录。京都历史建筑群的 17 处遗产涵盖了建于 10 –17 世纪间的 198 座建筑和 12 座园林。京都是日本宗教和非宗教建筑发展的中心，也是日本园林发展和其他艺术形式演变的核心地区，直至今日这一发展历程仍在延续。京都的历史建筑展现了不同历史时代的特征，也展现了日本文化发展的复杂景象，保持了高度的完整性和真实性。

7.2.2 治理机制

自 20 世纪 30 年代起，保护京都丰富的文化遗产便成为日本国内政策的重点，并为此制定了专门的法律框架，划定了“风致地区”的保护范围，总面积达到 17938 公顷。这一机制最终延伸为 1966 年的《古都保存法》。日本国内的物质和非物质文化遗产悉数受到了《日本文化财保护法》的保护。1975 年当地政府对法规进行了修订，把传统建筑物群也纳入了保护范畴。

在地方层面，京都市负责对依据国家法律所划定的历史建筑、风貌景观和遗产地及其缓冲区实施保护。同时，日本的文化事务机构还为保护工程、技术建议和管理规程等提供资金补助，由京都地方政府在当地专家的支持下实施修复工程。1993 年，负责土地使用和景观政策的京都城镇开发委员会以前一年提交的研究报告为基础，完成了新的《"北部保全、南部创造、都心再生"——新京都市基本规划》(*Northern Preservation, Southern Creation and City Centre Revitalization*) 的制定。之后几年内，当地政府对"景观限制地区"的范围进行了拓展，并对商业广告牌和建筑高度实行管理。1997 年 3 月，京都地方政府对整体的保护战略进行修改和调整，从而确保了"保护、更新和开发的和谐共存"。此外，考虑到采取一种全面而整体的方法，于同年成立了京都市社区协作中心。2007 年，地方当局又引入了新的景观政策，通过参与性规划、杰出人才的调动，以及对地方产业如旅游业的加大投入，来保护和改善当地的历史性城镇景观。

7.2.3 面临的主要问题

尽管京都实施了许多措施来保护优秀的文化遗产和提升遗产的品质，但当地的历史性城镇景观状况仍在进一步恶化，甚至濒临消失。这主要归因于一系列的社会经济变化，而现阶段当地正通过制定政策和行动来实现对变化的有效管理。地方社区的价值和生活方式也朝着现代化的方向发展，希望脱离"旧式"或者"传统"模式。此外，随着经济发展成为社区群体的首要目标，当地发生的变化也越来越受到经济因素的驱动。这些因素共同作用于城市的肌理，给京都的历史完整性造成损害。京町家，日本传统的木构住宅区，以及其他类型的历史建筑，都面临着因为废弃和忽视造成的损毁。现代建设工程，如高层建筑的拔地而起和工业材料的使用，以及其他符合当代开发趋势的元素的配置，如户外广告牌、电线和其他现代化的基础设施，都对城市周边的风貌造成破坏。

7.2.4 基于整体保护的政策与行动

为了对京都面临的挑战做出回应，当地已经制定了一系列的战略，并实施了一项复杂但条理清晰的保护方案。

1. 京都市的城市景观政策

为了明确北方山区及其周边的居住区，以及被西部、东部和南部地区所围绕的中心历史城区的情况，当地政府在京都及其周边地区实施了一次全面的普绘行动，并针对地区特色制定了五大原则来保护和提升当地的城市景观，并纳入以历史性城镇景观为核心的 2007 年新的景观政策概念之中。

（1）形成以“盆地景观”为依托的与自然共生的景观。
（2）维持传统文化和现代化开发之间的和谐关系。
（3）形成展现京都独有的特征和风格的众多空间。
（4）改善城市民生。
（5）形成政府部门、当地居民和企业间的合作伙伴关系。

围绕上述五大支柱所形成的新的城市景观政策，主要通过在城市规划和立法等政策在五个方面制定措施来实现。这些措施包括建筑高度限制、新建筑的设计控制、周边景色和视野、商业广告规范和历史街道景观。

1）建筑高度限制
建筑高度作为界定城市景观和环境的关键元素，在京都受到严格的限制。自 2007 年起，为了和城市中的特殊地区的特征相协调，已经把城市的建筑高度降低。最重要的是，京都市内所有历史城区，特别是主要由京町家风格的传统联排房屋所在的区域，所允许的高度上限也被降低了。在上述地区，如今的建筑高度被限制在 15 米以下。

2）新建筑的设计管理

另一个对街道景观和城镇历史景观的真实性起重要作用的元素就是新建筑的设计。为了对建筑的设计进行规范，当地对景观街区的范围进行了扩展，并对每个区域进行了仔细的界定和划界。此外，还制定了系统的设计规范来保存当地特征，并改善京都的城市肌理。这些规范对材料、形式、颜色、风格、设施（外部天线、太阳能板和电线）都进行了规约，还包括其他的一系列元素，如屋顶、外立面、阳台、大门、围墙和栅栏等。

3）眺望景观和借景

京都的突出普遍价值主要来自当地丰富的景观和风景资源，是原有的城市肌理和周边环境的完美融合。京都的优美景色是城市固有的特征之一，对日本古代文学和其他形式的非物质遗产也起着重要的影响，也由此在京都的保护战略中得到重视。因此，2007 年，京都成为首个制定《眺望景观保护条例》（*City Ordinances on the Preservation of Vistaed Views*）的城市，通过高度和设计的控制措施来维护 38 处不同的城市风景。官方基于历史文献并通过公众协商仔细甄选出受保护地区，并划定为“眺望景观保全地域”，这些地区也包括一些风景名胜区，如寺庙景观、街道景观、滨水景观、山地景观或园林景观等。

4）历史街区保护

京都历史中心以京町家的传统木屋为主要建筑形式，也是京都城市景观的关键性元素。因此，京都市的保护战略以京町家的修复和维护为核心，使之与保护街区相融合。复杂的街区划分系统对四种不同类型的历史性城镇景观进行了区分：历史建筑群保存地区、城市景观环境开发项目地区、历史景观保存和提升地区，以及社区景观提升地区。此外，还把单体建筑作为重要地标来进行保护和监测。

5）户外广告牌限制

在保护京都市的历史性城镇景观的过程中，对户外广告牌进行规范是重中之重。随着社会经济的快速变革以及消费文化的兴起，商业广告成为现代都市最显著的特征。为了保持城市景观的统一和谐，确保京都历史中心的视觉完整性，当地对户外广告牌进行了严格的限制，包括对商业广告牌区位、尺寸、颜色和风格的规范，并提升了广告牌的品质，以此保证京都的美学价值。

2. 景观保护中的公众参与和协作

包括公私部门在内的各类利益相关方的联合参与，成为确保京都保护和更新工作可持续进行的关键所在。

在京都，当地利益相关方的参与主要以两种途径的同时开展来实现：政府和地方社区间的交流与合作，以及一项有效推动了历史遗产及其周边城市环境自下而上管理过程的行动计划。让所有相关行动者参与进来的一系列行动包括：针对不同的利益相关方群体举办讲座，设立定期协商会议制度来对政府的决策、立法乃至保护和发展行为施加影响，开展公众协商来听取当地社区和其他相关利益方的计划、意见和要求。此外，当地还于 1997 年成立了京都社区合作中心来推动社区参与，合作中心还广泛参与到景观政策和保护行动的实施过程中。合作中心主要负责提升社区成员的参与意识，开展能力建设，出版简讯刊物，组织公共讲座和研讨会，并推动地方社区的发展。

3. 京町家的更新

尽管在过去几十年间，京町家传统建筑的衰退局面持续加剧，但京都仍有为数众多的建筑保留了下来，构成了当地独特的街道风貌，也是应当受到保护和利用的重要遗产资源。在项目的准备阶段，京町家委员会在 1996 年至 1997 年间对超过 28000 处京町家传统建筑进行了调研。结果显示，90% 的建筑都保存了传统立面的重要元素，其中 13% 几乎得到了完整的保存。之后，在 2003 年开展的一次调研显示，保存完好的京町家的数量呈现急剧的下降，半数以上的当地居民认为要维持传统的建筑结构已变得越来越困难。防震和防火也是主要的担忧，现代化设施的缺乏以及生活成本的持续上升让居住在京町家传统建筑内的生活变得更为不易。这些调研结果也让委员会意识到必须采取必要的措施来修复和管理京都这些历史建筑。

20 世纪 90 年代末，京都市的城市规划和城市开发部门制定了两份针对京町家保护的全面战略，分别是《中心城振兴规划——商业区和居住区改善总体规划（1998）》（*Revitalizing Downtown Urban Planning —An Overview of the Commercial and Residential District Improvement Plan 1998*）以及《京町家挽救计划：生活、空间和社区（2000）》（*Plan for Having Kyo-Machiyas Return to Life — Life, Space and Community 2000*）。第一份规划试图推动一种以保存商住混合为核心的城市开发模式。为了通过混合型的土地利用模式实现地区的更新，2003 年 4 月，当地把商住用房混合的区域划定为“商住特殊使用地区”。另一份计划则推动了京町家房屋的再生性改造，鼓励建立起针对当地居民和专家的支持性网络，设立了不同的组织来为地方居民以及包括建筑师、工程师、保护者和房屋中介在内的专家网络搭建起沟通和协作的平台。其中，设立的京町家房屋开发基金则是依靠国家基金和市民捐款建立的组织，主要对评估、重建和保护工作给予支持。

京都社区合作中心和京町家委员会联合世界建筑文物保护基金会（World Monuments Fund）和京町家建筑师组织，于 2010 年至 2012 年间对京町家传统建筑实施了一项试点修复项目。项目期间，世界建筑文物保护基金会通过世界建筑文物监督计划，向京都的保护项目以及相关出版和社区推广工作提供了资金支持和补助。其中一项成功的保护工程就是对一座中等规模的京町家进行修复，展示了如何在结构本身已遭到严重变更的情况下，依然采用修复而不是拆除重建的方法。更新后的建筑成为修复资源中心，让广大京町家业主受益，这个中心也成为各类研习会的举办场所，供研究和有志于京都历史建筑保护的人士使用和交流。2012 年，针对解决较大体量结构保存方面的问题，一座大型町家的保护工程“风来坊（Furaibou）修复工程”完工，修复一新的风来坊被改造成京都町家博物馆，成为京都市最成功的更新再利用案例，也提升了公众对町家传统建筑保护的认识和支持。

7.2.5 成效和未来

二十年以前，几乎很难想象公众会对京町家传统建筑持有如此之高的热情和关注，这些建筑在当时被普遍认为是没有经济效益的、应当拆除并新建更高利润的现代高楼和新建筑。然而，随着 20 世纪 90 年代京都传统房屋的更新，这一认识也得到了改变，上千座建筑依照现代的商业用途、居住用途以及文化活动用途（音乐会、展览等）进行了改造和更新。京町家建筑的价值由此得到巨大的提升，也对当地经济作出巨大贡献。此外，这些建筑还成为京都乃至日本文化不可缺少的一部分，房产商在推销高层豪华公寓时，往往会使用这些公寓周边传统建筑街区的照片，同时日本国内的现代化开发也常常打着“京町家”的主题。2017 年，京都市召开市议会，决定了针对京都传统街屋“京町家”的保护及继承条例。

京都遗产的保护实现了地方社区间的高度合作和融合，他们通过众多的市民团体、地方政府机构、建筑师协会、手工业工坊和大学院校，共同参与到保护城市历史肌理的过程中。同时，京都市制定了严谨的机制来保护和管理历史纪念物，凭借自身在寻求发展和保护平衡中的持续努力，成为亚太地区最佳实践案例之一。在京都，可以看到日本的现代化过程与人们对遗产的欣赏、保护和利用正变得越来越紧密。如今，遗产对城市的发展也产生了可见的影响，除了欣欣向荣的旅游产业，与日本文化相关的地方传统产业和众多教育机构都对城市优美的环境和蒸蒸日上的发展作出了贡献。

a

b

c

d

a 京町家传统木构建筑
b 现代化改造后的京町家木构建筑
c 祇园历史地区内的京町家
d 三年坂地区传统住宅活化利用
e 新建筑与传统建筑融合的城市景观
f 三年坂
g 街头穿传统服装的年轻人
h 京都城区鸟瞰
图 7-2 日本，京都

在城市化的大背景下，京都市计划将继续运用整体化的方法来管理遗产并发展城市，包括促进相关部门和地方社区间的联系和交流，针对新建设制定更高的设计标准，探索实施现有法律机制更为有效的途径。此外，京都也在努力通过动员更多的资源和利益相关方的参与，来进一步达成遗产保护及其周边景观变化之间的平衡（图 7-2）。

e

f

g

h

延伸阅读

Brumann, C. (2009), "Outside the glass case: The social life of urban heritage in Kyoto", in *American Ethnologist. Journal of the American Ethnological Society*, vol. 36, no. 2, pp. 276 – 299.

Jürgenhake, B. (2011), "The qualities of the Machiya: An architectural research of a traditional house in Japan" in *Residential Buildings and Architectural Design*, 23rd Conference of the European Network for Housing Research ENHR, 5-8 July 2011, Toulouse, France.

Machiya Revival in Kyoto. Retrieved on 20 October 2015, website:

http://kyoto-machisen.jp/fund/english/index_book.html.

Masafumi, Y. (2006), *Control Tools for Conservation of Historic Townscape with citizens' strong property right: Experience of Kyoto, Monuments and sites in their setting-Conserving cultural heritage in changing townscapes and landscapes*, Scientific Symposium, Thailand.

Municipality of Kyoto City, *Kyoto City Landscape Policy: Forming Timeless and Radiant Kyoto Landscapes*, September 2007.

7.3 中国：上海 (Shanghai, China)

遗产结合创意产业

上海是一座特大城市，也是中国发展最为迅速的城市之一。和中国绝大多数的城市相似，尤其自 20 世纪 90 年代以来，上海的城市遗产始终面临现代化发展所带来的巨大压力。为了有效地保护城市遗产，上海自 2003 年以来制定了全面的保护管理制度，覆盖整个市域 6000 多平方公里范围内的城市遗产，以此来保障多部门间、专家和市民之间的协作。自 2000 年以来，当地政府把目光投向了以文化为基础的城市更新和创意产业。上海创意产业的发展证明了文化作为城市发展和经济发展催化剂的有效作用，也推动了公众对文化遗产和文化多样性的认识。2010 年上海作为“设计之都”成为联合国教科文组织创意城市网络成员。

7.3.1 城市的主要特征

上海位于中国东部长江三角洲入海口，其发展得益于长江三角洲地区的区位优势，对过去二十年间中国金融、航运、高科技和服务产业的发展发挥了重要作用。这种有利的区位条件促进了沿海和国内的贸易发展以及与其他地区的交流。上海建城始于 17 世纪，第一次鸦片战争以后成为中国对外开放的商埠之一，并在 19 世纪成为繁荣的行政、货运和贸易重镇。由于 1842 年和 1844 年一系列条约的签订，英、美、法等西方国家在上海开始建设租界，租界地区也成为今天上海历史城区的主体，同时发达的贸易和制造业留下了众多工业遗产。20 世纪 90 年代以来，上海经历快速的城市扩张，中心城区面积从 120 平方公里扩展到近 660 平方公里。上海是一座国际化都市，许多外籍人士在这里工作，并与家属共同生活居住，推动了上海社会的国际化和多样化。

7.3.2 治理机制

2004 年，上海成为中国首个制定文化和创意产业政策的城市，2008 年成立了“上海市文化创意产业推进领导小组”，开展规划、政策和活动等相关事务的研究和决策工作。此外，还建立起三方运行机制来协调政府引导、市场运作和中介服务。同时搭建了多个创意城市的公共服务平台。一些平台根据相关产业的需求，横跨不同领域，而另一些则关注整个行业的不同方面，如网络信息、投资顾问、知识产权、人力资源、贸易公平和国际交流等。各类人才受当地机遇、设施、服务和上海中西多元文化的吸引纷纷前来，形成了聚集效应。

在将创意创业与遗产保护结合，把历史建筑活化利用作为新的创意产业集聚区方面，上海利用丰富的工业遗产资源，在保护工业遗产的同时将其转化为新的创意产业场所。2016 年和 2017 年，上海共计公布了 250 个风貌保护街坊，其中有 29 个是工业遗产保护街坊。基于地方《保护条例》的《保护规划》是上海实施风貌保护街坊保护与更新项目的法律依据。规划为此制定了开放性的保护更新策略，在保留建筑遗产、街区肌理和空间尺度的前提下，鼓励新旧并存，合理适当增加开发容量，并配套土地和房产鼓励政策，积极推动创意产业在工业遗产空间中落地。

7.3.3 城市更新战略中创意产业的作用

过去十余年间，上海多数工业遗产都经过了再设计和改造更新，这些建筑原来的历史和建筑特征被保留下来，成为新的具有创意元素的场所。这种再设计和更新的过程也为创意产业的发展提供了机遇，例如推动了基于遗产的建筑和城市设计项目的实施，并为展览之类的创意活动提供了空间场所，成为上海城市更新中一种极具生命力的方式。其特点主要体现在以下四个方面：

（1）借助工业遗产在城市中良好的区位条件和特殊的城市更新政策，成功推动中心城区老旧厂区的更新。

（2）采用多样化的与创意产业融合的更新运营模式，为创意产业企业提供合理的租金，为各类设计企业首选的工作场所。

（3）通过当代设计与历史环境融合，展现遗产的历史文化价值，为创意产业从业人员提供独特的场所，为城市提供具有吸引力的文化创意活动场所。

（4）为城市更新和城市功能转型提供新的途径，保持城市肌理的完整性，植入新的功能业态，创造公共活动空间，振兴地区活力，带动地区的更新。

上海的工业遗产在转化为创意产业园区中政府、厂区业主、运营商三方在不同的运作机制中发挥着不同的作用。政府在其中往往是积极的推动者，为厂区的业主和运营商牵线搭桥，并在政策支持和土地转性方面提供特殊措施以降低转化的成本，并对遗产保护提出明确的规定。厂区业主既有自己成立公司来招租运营的，比如莫干山路 50 号 M50，也有整体出租给运营商运营的，比如上生新所，还有政府将厂区的土地和房屋整体收购（企业搬迁）并植入创意产业功能的，比如 2010 上海世博会最佳实验区中的上海设计中心。采用不同模式的主要原因是企业自身的经营状况和发展前景，以及政府对这些国有企业发展的布局和安排，更新的关键在于厂区的权属。为了更好地保护和利用好这些工业遗产，并使它们在城市更新中发挥出独特的作用，政府在积极制定规划保护的同时，与企业合作，对不适宜继续留在中心城区的企业着手搬迁，或推动企业通过转型，与市场合作共同开发利用。

通过厂区的更新为城市提供更多的公共活动空间和公共服务是城市更新的另一个重要目标。位于市中心地区和黄浦江、苏州河两岸的遗产厂区，是上海城市更新中增加公共空间、打通开放空间的重点地区，厂区的开放及其空间的整治使工业遗产展现在了城市公共空间中，提升了空间的品质和特色，辅以时尚的服务设施和创意产品，使其成为城市中独特的消费、休闲和观光地。

7.3.4 成效和经验

由于政府的持续推进，基于文化的城市更新以及创意产业的发展已经取得显著的成效。文化和创意产业成为上海最重要的产业之一。各类证据和数字表明，文化和创意产业已经为城市及相关区域带来了巨大的经济收入。2009年，创意产业总产值达到3900亿元，附加值114.8亿元，占GDP总额的7.7%，与2008年相比上升17.6%，创造950000个就业岗位。上海市政府起草了专门的五年战略（2011—2015）来推动经贸、文化和社会可持续发展领域的创意产业的发展。

众多的创意产业聚集区中，三分之二都是更新改造自旧厂房和旧仓库。位于中心城区的这些工业厂区转化为创意产业集聚区后，显著地带动了周边地区经济和环境的提升，尤其吸引了中小创意设计企业的入驻和年轻消费群体以及外籍人士和企业机构，同时园区成为一个开放的公共活动场所，配置了多样化的商业与公共服务设施，整体改变了厂区所在街区的社会和经济状况，工业遗产的独特文化价值得以传承，并成为城市的文化名片。

作为设计之都，上海的文化创意产业在设计领域主要体现在工业产品设计、建筑和规划设计、时尚设计、展览设计、印刷和包装设计、广告设计、软件设计、卡通动漫和游戏设计、图片设计以及珠宝设计等方面。上海还定期举办各类设计活动，如上海国际创意产业周、上海城市艺术季、上海设计双年展等。

7.3.5 未来挑战

上海未来在城市遗产保护和城市更新方面面临的更大挑战是大量居住类里弄建筑的宜居化改善。这涉及中国的土地制度和城市复杂的房屋产权问题，以及公共财政、公共政策、遗产再利用机制等多方面交织的复杂问题。同时，新的开发和新建筑的设计在风貌保护区中如何定位，也是城市风貌保护难以把握的焦点问题。其难点主要有以下四个方面：

（1）就700多万平方米的保留保护里弄住宅而言，仅依靠这种模式在经济成本和社会影响方面对城市发展而言都不可持续。

（2）功能置换的方式使历史街区的社区生活趋于消失，地方文化被全球化的国际品牌所替代，这些地区由此成为纯粹的旅游观光点。

（3）里弄住宅的宜居化更新尚处在民间个人层面，大规模的试点和推广受制于房屋产权和城市再开发模式等因素，无法推开。

（4）历史环境中新建筑的设计、材料和体量问题成为讨论的热点，很难决定什么形式是可以在保护区内建造的。

即便存在这些困难，在城市遗产保护的政策框架内，上海划定的历史地区依然得到保护和保留。保护与更新同步，展现文化内涵，在历史环境中植入当代元素，功能业态复合多元，更新模式因地制、“一地一策”，是上海持续探索可持续的保护更新模式的基本思路。2016年，联合国教科文组织亚太地区世界遗产培训与研究中心和同济大学在上海虹口区虹口港历史地区开展了历史性城镇景观（HUL）试点项目调研，以此为案例设立了历史性城镇景观研究课题，针对该地区居住、工厂、机构混合，遗产和现代建筑并存的现状，基于历史性城镇景观的理念，就城市遗产的保护与传承，从城市肌理、城市景观、空间场所保护更新的理论体系和技术方法，从实施的多样化机制和相关的政策建议，探索上海城市遗产保护与城市更新的新方法（图7-3）。

延伸阅读

China Law. (2010), Regulations for Conservation of Historic Cultural Area and Outstanding Historic Buildings in Shanghai (2010 amendment). Retrieved on 12 October 2015, website: http://fgk.chinalaw.gov.cn/article/dffg/201009/20100900336950.shtml.

Fung, Y.H. & Erni, J.N. (2013), "Cultural clusters and cultural industries in China", Inter-Asia Cultural Studies, 2013, Vol. 14, No. 4, pp. 644-656.

Shanghai Municipality (2010), In Shanghai Creativity is a way of Life & Attitude!! Application to Join UNESCO's Creative Cities Network As City of Design.

Shanghai Stats (2015), Shanghai Overview. Retrieved on 12 October 2015, website: http://www.stats-sh.gov.cn/frontshgl/index.xhtml

Su, Z. (2011), History of the City of Shanghai, Academia Press, 2011 Print.

UNESCO Creative Cities Network (2011). Shanghai UNESCO City of Design.

White, A., Xu, S. (2012), "A critique of China's cultural policy and the development of its cultural and creative industries: the case of Shanghai", Cultural Trends, Vol. 21, No. 2, September 2012, pp. 249-257.

World Cities Culture Forum (2015), Shanghai. Retrieved on 12 October 2015, website: http://www.worldcitiescultureforum.com/cities/shanghai.

Wu, J., Wang, L. (2007), Practice in Urban Conservation in Shanghai: Formulation and Management of the Conservation Plan for Historic Conservation Areas. Tongji University Press, 2007 Print.

a

b

c

d

a　上海尚街创意园区

b　上海嘉善老市

c　八号桥创意园区

d　永嘉庭

e　弄堂里的创意办公场所

图 7-3　中国，上海

e

8

8
东南亚地区

8.1 马来西亚：乔治城（Georgetown, Malaysia）

城市发展和遗产保护间的平衡——《乔治城转型计划》（*The George Town Transformation Program*）

乔治城是马来西亚马六甲海峡槟城州的省会和最大的城市。内城区域总人口为 510996 人，而“乔治城大都市区”作为更大的都市圈区域，人口总量达到 2500 万人，是马来西亚第二大都市圈。乔治城位于马六甲海峡北部入口，其战略区位使之早在 500 年以前便成为阿拉伯、中国、欧洲和印度洋船只往来的中心港口。作为著名的殖民历史城镇的典型，乔治城整体展现了其东西方交往的历史和文化影响。在历经十余年的保护以后，乔治城和马六甲于 2008 年共同被列入联合国教科文组织世界遗产名录。世界遗产地的核心区域面积为 109.38 公顷，缓冲区面积 150.04 公顷。

8.1.1 城市的主要特征

乔治城曾被葡萄牙占领长达 130 年之久，后又被荷兰和英国分别占领了 145 年和 171 年，这些殖民文化连同中国、印度和阿拉伯文化，共同塑造了乔治城的城市形态。荷兰文化的痕迹主要体现在城市广场的设计以及各式的联排房屋，英国文化则塑造了整体的城市空间形态以及林立的各类行政和宗教建筑。19 世纪出现了一系列融合了欧洲和当地特色的建筑，从而形成了乔治城不同城市风格和建筑类型以及不同宗教、语言和传统并存的多元文化。如今，乔治城遗产地共有建筑 5013 座，其中 3853 处为历史建筑，并按照一类建筑

（依据国家遗产法案登录的优秀建筑）和二类建筑的保护体系进行划分。

8.1.2 治理机制

《槟城州 1966 年房租限制法案》（*The 1966 Rent Control Act of the State of Penang*）的目标是减少因二战后住房短缺带来的房租急剧上涨的影响，同时减少对遗产地区的再开发，这一举措被视作是五十年来当地保护建筑遗产方面最为成功的政策。但因为一项针对历史中心的旅游发展战略，该法案在 1997 年遭到中止，并在 2000 年最终废除。但《槟城州 1966 年房租限制法案》的废除也引起了公众对加强当地历史遗产保护和更新的关注。

根据 1976 年的《城镇和乡村规划法案》（*Town and Country Planning Act of 1976*）和 1995 年的法案修正案，乔治城的历史核心区被"槟城岛结构规划市议会"划定为保护区域。因此，乔治城遗产区域和文物的保护完全按照《城镇和乡村规划法案》（1976 第 172 号法案）和《地方当局法案》（*Local Authority Act*）（1976 第 171 号法案）所规定的各项法令以及《结构规划》（*Structure Plan*）和《地方规划》（*Local Plan*）来进行。《结构规划》的范围覆盖整个州域，引入专门的保护战略，而《局部规划》则为局部地区的城市发展制定更为详细的规定。

乔治城的相关保护政策和项目旨在解决对这座历史城市可能产生影响的众多问题。1973 年，首个《临时分区规划》（*Interim Zoning Plans*）为城中的历史地区制定了特别的政策。这些政策和规划主要是为了应对以下问题：

（1）鼓励对更新或改造工程持更加谨慎的态度；更加尊重当地的历史和社会环境，防止城市历史地区的破坏和状况的恶化，并维持内城地区的社会和历史环境。

（2）建设由主要公路系统连接的新城市中心；修复和改造历史城

区，划定私有商业和混合开发区域，确定居住和综合产业功能的新区域，为将来的开发和扩展预留空间，并维持当地居住区和其他现有的特征。

2005 年，马来西亚对《国家遗产法案》（*National Heritage Act*，第 645 号法案）进行了修订。该法案由一个全面的法律框架组成，涵盖物质和非物质遗产、文化和自然遗产以及管理和保护遗产的治理机制。还规定了一系列与国家遗产委员和一个遗产基金会的设立、国家遗产名录的制定、遗产地的指定以及国家遗产的公布和保护等相关的要求。由文化、艺术和遗产部通过指定一名遗产理事的方式来实施。此外，根据法案的规定，还要对遗产基金的成立进行监督。2006 年，通过该遗产基金发放的资助总额达到 3500 万马来西亚林吉特（约 858 万美元），2006—2010 年总额达到 1 亿林吉特（约 2451 万美元）。

在上述背景下，乔治城运用这些法案制定保护区内遗产的保护导则，同时由州遗产保护委员会来指导和协调与槟城文化遗产推广及保护相关的政策、指南和活动。2010 年 4 月，槟城州政府成立乔治城世界遗产公司（George Town World Heritage Incorporated），如今公司的主要职能是实施乔治城的遗产保护工作。通过与不同级别的政府和非政府组织合作，乔治城世界遗产公司担负起了乔治城的保护工作，如制定保护战略，确认相关问题，管理和监测遗产地，推广和执行项目，动员专家和利益相关方参与保护过程等。

8.1.3 挑战及其应对

随着乔治城的声名远扬，每年越来越多的游客远道而来，这也带来了发展的压力，当地法律体制的漏洞也越发凸显，成为这个世界遗产地所面临的主要挑战。

1. 发展的挑战

在成体系地开展遗产保护以前，乔治城曾遭受一系列的威胁。最突出的问题就是土地所有者希望最大限度地使用土地并从中获利。为此，槟城市议会制定了规划政策，引入了针对开发行为的控制措施。同时，新的城区、行政中心和道路的建设也被作为解决方案来缓解历史地区的开发和交通压力。

2. 旅游的压力

大量的国内和国际游客也为乔治城增添了额外的压力。过去十年间，得益于历史街区的提升计划，游客数量大幅提升，给当地的基础设施造成了压力，并加剧了交通阻塞，旅游相关的各种商业蚕食着旧城区域。随着专门服务于旅游业的各类产业不断占据主导，这种无序发展导致乔治城的历史中心经历了以绅士化为主要形式的居民外迁和社会边缘化等问题。但当地也制定和实施了一系列机制来应对旅游业的潜在影响。首先，运用了各类"游客管理技术"来缓解，如各类破旧仓库变为旅游设施的改造工程；其次，为了改善交通管理实行了公私合作机制，包括在旧区设立讲解中心并拓宽人行道。此外，还制定政策以确保旅游业的红利可以惠及社会的弱势群体。

3. 社区的挑战

过去 25 年间，乔治城出现了社区主导的自下而上式的遗产保护运动。20 世纪 80 年代早期，神学院的拆除推动了槟城遗产信托（Penang Heritage Trust）的成立。该信托在当地的保护运动中发挥了重要作用，并提倡决策过程中的社区参与。20 世纪 90 年代中期开始，城市社区开始与不当的城市开发项目进行抗争，并为信托发起的各项活动提供支持。此外，1997 年起，槟城遗产信托还领导了与申遗相关的各项行动。地方社区的抗争以及滨州市议会的干预，影响并暂停了一些政府先前通过的规划方案，这些规划方案涉及建设高层建筑的私有开发行为以及历史建筑的改造和拆除。2007 年，当地最大的开发项目槟城全球城市中心开发项目（George Town Transformation Program）通过审批，该项目旨在将 260 英亩的绿地改造为高楼。由于大规模的社区抗议活动，包括通过游行、宣传、演讲等形式来向政府表达不同意见，该项目最终被政府叫停。

8.1.4 以《乔治城转型计划》为核心的城市更新战略

为了整体应对这些挑战，当地实施了《乔治城转型计划》，推动了城市完整性和真实性的保护，也同时解决了历史地区发展的一些主要问题。

乔治城发展战略的重心是优化城市历史核心区的现代基础设施和居住条件，同时保持城市作为一处活态遗产的特征。2009 年，名为《乔治城转型计划》的城市更新战略最终完成制定，目的是将乔治城打造为更具吸引力和可持续发展的城市。该计划的第一阶段是在当地实施一个更新计划，重点是应对乔治城所面临的主要挑战，包括人口的老龄化、公共设施的减少、投资的匮乏，以及与城市相关的其他问题。更新计划的具体项目类别包括：文化地图项目、能力建设项目、实体保护项目和共享空间项目。该战略的主要施行原则是：

（1）制定社区层面的战略，实施能够不断提升乔治城突出普遍价值的项目。

（2）向社区层面的专家征集各类知识信息，在利益相关方之间分享成功的战略和创新的经验。

（3）建立利益相关方的合作网络，支持和加强社区能力，特别是促进可持续发展。

（4）确保保护和可持续发展战略和项目能够推动世界遗产地的保护，同时为社区成员和其他重要的利益相关方所理解和遵守。

（5）鼓励公私合作机制的建立，尤其是在与遗产相关的项目内。

（6）向业主提供激励措施，鼓励业主把遗产保护当作重要的指导原则。

此外，《乔治城转型计划》还试图在有限的资金条件下，在较短时间内建立起坚固的公私合作关系。在计划实施的第一阶段，主要任务是提升公众对规划目标和当地遗产的认识。业主们还可以获得改造项目的资助，并作为优秀案例进行展示。计划的第二阶段，重点鼓励更多的行动者的参与，同时城市转型产生的实质效果开始显现。第三阶段，重点转向公共空间，从而建立起更有力的社区联系。

槟岛市议会在财政方面拥有自治权，国有遗产的规划和利用受州政府和市议会的监督。文化、艺术和旅游部与住房部及地方政府一起，为更新项目，如街道的整治项目，作出了重大的贡献。此外，槟城岛市议会也负责实施了许多保护项目，为经批准的建筑保护工程提供持续的资金支持，并向执行了建筑规划审批流程的工程项目给予停车方面的奖励措施。

8.1.5 成效与经验

乔治城做了许多努力来确保遗产地的完整性和真实性得到应有的保护，还为当地社区和游客提供了一个生机勃勃且颇具吸引力的城市环境。当地突出普遍价值的载体都得到很好的维护，依照保护和发展的指导原则，并依据特定的设计、材料、方法和技术，对登录的纪念物和遗产进行了仔细修复。这些由公私部门合作实施的修复工程，获得了当地和国际机构颁发的各类奖项，如马来西亚遗产信托、马来西亚建筑师院（Malaysian Institute of Architects）和联合国教科文组织亚太遗产奖等。此外，通过持续和长期的努力，乔治城的保护管理和立法措施的有效性也得到了验证。

乔治城的城市保护与更新是一个在接纳了现代转型和发展的同时又保存了当地文化和遗产的长期过程。与东亚和东南亚地区的其他区域相类似，开发和发展的需求主要集中在城市地区，而其中最为关键的是对变化的管理。然而，有关城市发展和遗产保护间平衡的话题，各类意见尚不能取得一致的共识。但乔治城的众多利益相关方却在努力保护着这座城市的历史中心，同时他们也有能力影响决策过程。此外，一系列城市更新项目的实施以及全面的政策和法律的制定也在持续推进中，这些经验可以在马来西亚的其他历史城市应用和推广（图 8-1）。

延伸阅读

Idid, S. Z. A. (2005), *Urban conservation approach for multi-cultural historic cities: The urban planning and design perspective: case study, Historic City of Malacca*, Department of Urban Engineering, University of Tokyo.

Nomination Dossier: Historic Cities of the Straits of Malacca: Melaka and George Town (2008). Retrieved on 2o October 2015, website: http://whc.unesco.org/uploads/nominations/1223bis.pdf.

Penang Heritage Trust. Retrieved on 20 October 2015, website: http://www.pht.org.my.

Said, S.Y., SyedZainal, S.S., Thomas, M.G., Goodey, B. (2013), "Sustaining old historic cities through heritage-led regeneration", The Sustainable City VIII, vol. 1, pp. 267-278.

Think City. Retrieved on 15 October 2015, website: http://www.thinkcity.com.my .

UNESCO (2015), Melaka and George Town, Historic Cities of the Straits of Malacca. Retrieved on 15 October 2015, website: http://whc.unesco.org/en/list/1223.

a

b

c

d

a　乔治城世界遗产区鸟瞰

b　划为一类建筑的蓝屋

c　划为二类建筑的联排房屋

d　乔治城清真寺

e　龙山堂邱公司

f　乔治城世界遗产办公室

g　圣乔治教堂

h　乔治城街景

i　融合了欧洲和当地特色的建筑

j　乔治城街道

图 8-1　马来西亚，乔治城

e

f

g

h

i

j

8.2 越南：会安 (Hoi An,Vietnam)

遗产旅游

会安位于越南广南省境内，紧邻中国南海。作为一座小型城镇，会安的面积约为 60 平方公里，居住人口约 121000 人，被称为越南最具氛围和最令人愉悦的城镇，成为近年来重要的旅游目的地。早在公元 1 世纪，会安便拥有东南亚地区最大的港口，并在 15—19 世纪逐渐成为繁荣的贸易中心。会安是中国、日本、印度和欧洲等各类文化交流的重要见证。尽管经历政治、经济和社会的动荡，但这座古镇的历史城市肌理依然完好地保存下来，对古镇的保护也带来了旅游业和相关产业乃至整个城镇的发展。

8.2.1 城市的主要特征

当地人民和外来文化的长期交流形成了会安丰富的文化遗产。1999 年，会安古镇被列为联合国教科文组织世界文化遗产。世界遗产区域由 30 公顷的核心区和 280 公顷的缓冲区组成。作为活跃在 15—19 世纪的小型国际海港和贸易中心，会安得到很好的保护。古镇具有独特的城市形态，由 1107 座特殊的历史木构建筑组成，其中包括建筑纪念物、乡土建筑（商业和居住）、宗教建筑、一个公共市场和一个轮渡码头。这些历史建筑沿着保存完好的狭窄的步行街道紧密排列，砖或木制的墙体、瓦片和繁复的传统纹饰都颇具特色。与秋盆河（River Thu Bon）平行的主轴与网状街道相连接，构成了会安的基本城镇形态。值得注意的是，会安作为贸易港口和商业中心的功能延续至今，很好地传承了其活态遗产的属性。

8.2.2 治理机制

1. 当地的保护法规

1985 年，会安被指定为越南国家文化遗产地，因而受到法律的保护。除了覆盖越南所有遗产地的主要法律《国家文化遗产法》（*Vietnamese*

Cultural Heritage Law)，会安还受一系列地方法规和导则的管控和引导，包括：

（1）《会安古镇管理、保护和利用条例》（*Regulation on Management, Preservation and Use in Hoi An Ancient Town*）（会安人民委员会，2006）规定了古镇遗产保护和管理的基本原则。

（2）《会安镇到访和旅游管理条例》（*Regulations on Management of Visits and Tourism within Hoi An Town*）（会安人民委员会，2007）对游客的权利和责任、当地文化产业的管理和会安旅游目的地的管理做了详细的规定。

（3）《历史木结构的保护：房屋所有者手册》（*Conservation of Historic Timber Structures—Guidelines for Homeowners*）（会安人民委员会，2000）规定了会安历史木构建筑保存和保护的基本原则和工具。

2. 当地的遗产保护管理机制

会安的遗产管理机制可以算得上是越南国内最完备和最高效的管理机制之一，由众多的管理方共同协作实施古镇的管理。

（1）会安纪念物管理和保存中心（Hoi An Center for Monuments Management and Preservation）是由镇人民委员会直接管辖的专业机构，负责相关机构的合作，接受不同级别政府机构的专业指导意见，并实施会安文化遗产保护的战略。

（2）信息文化办事处是管理文化领域的国家机构。

（3）旅游贸易办事处是负责颁发贸易和旅游活动许可的国家管理机构。

（4）人民委员会负责依法对遗产建筑进行管理、保护和使用。人民委员会与专门的文化保护和管理治理机构合作，实施安保措施，保护环境、改善基础设施，并监督新的城市开发项目。开发控制意味着建筑所有者必须从地方政府处获得许可才能对历史建筑进行改动。

（5）规章核查小组负责根据会安的相关法规监督与文化遗产有关的一切活动。

8.2.3 基于遗产旅游的保护与更新战略

1. 旅游战略

会安是越南的主要旅游城市。越南的旅游口号是“实现文物的自给自足”，显示出国家政府为了培育地方、推动发展并确保文化遗产得到长远的保护而采取的战略。《越南旅游业发展总体规划（1995—2010）》（*Master Plan on Vietnam's Tourism Development 1995—2010*）对会安的旅游战略性政策做了全面规定。

会安从 1999 年起开始经历快速的发展。过去五年内，会安的游客人数以每年 19% 的速度增长，从 1999 年的 16 万人次增长到如今的 150 万人次。当地社区全面参与到各项经济活动中，主要是旅游相关的配套服务业，旅游也成为当地主要的经济部门，占整个城市 GDP 的 70% 和城镇收入的 64%。同时，会安的市民也获得更多的就业机会，当地经济发生了向旅游相关产业的迅速转变。

为了管理和降低旅游业对文化遗产的负面影响，最近当地政府实施一系列战略，包括：

（1）法律法规：制定法律法规和经济方面的激励手段来最大限度地降低旅游对当地历史资源的不利影响；针对会安及其周边地区，制定包括文化内容在内的环境管理规划。

（2）遗产影响规定：鼓励维持当地的传统生活方式，避免这些生活方式变为供旅游娱乐目的而表演的活动；帮助当地的传统产业适应旅游市场的需求，而不是把它们迁移出去或者用其他产业来替代；制定一种使用传统知识体系来修复和维护历史建筑的遗产管理方法。

（3）降低环境影响：动员当地私有部门的参与，以此提升他们对环境可持续发展问题的认识；对当地旅馆和旅游业从业者发放环境许可证；管理水资源。

（4）利益相关方合作：让当地社区成为旅游发展战略的主要行动方和受益者。

2. 遗产保护

当地采取果断的措施来调动各类财政资源，包括公共投资、公私合作、外国捐款、免息贷款等。1997—2007 年间，在政府所有的 168 栋遗产建筑的修复方面，共计投入 5864374 美元。其中 6 个项目获得来自日本和美国的占投资总额 5% 的外来资助，同时还获得了相应的技术支持和管理支持。与此同时，1997—2006 年间，当地业主也对 1125 栋私有遗产建筑进行了修复。根据每个遗产建筑的特点，人民委员会和会安中心还制定并实施了授权和资助机制。除了这些项目，2008 年初，还为 52 处认定的亟待修复的市级私有历史建筑给予额外支持，对业主发起的修复项目提供为期三年的免息贷款。

修复好的政府所有的遗产建筑被用作其他用途，如改造为博物馆和政府机构的办事处，或者作为居住和商用物业进行出租。获得的收入被用来改善公共设施，或被重新投入到历史建筑的维护和其他的建筑保护中。鼓励建筑所有者在获得政府许可和协助的情况下，把自身的居所改造为寄宿旅馆或者民宿。这一策略使居民既能从旅游业的发展中直接获取经济利益，同时也维持了对历史建筑的所有权和居住权。

此外，早在 1995 年，会安就开始为当地居民和游客筹划各种文化演出，在会安的古宅内定期组织唱歌、舞蹈和演奏传统乐器表演。还举办相应的技术课程和培训学校来培养新一代的手工艺人，并以此在青年群体中来发展传统产业。

3. 城市更新试点项目：胡耶阮侯街的更新（The Revitalization of Nguyen Thai Hoc Street）

为了确保经济利益得到更公平的分配，并缓解陈富街（Tran Phu）和黎利街（Le Loi）的拥堵状况，会安政府在 2000 年针对阮泰路（Nguyen Thai）沿线的旅游服务开发启动了一项更新计划。投入资金对沿街的

26 栋古宅进行了修复，其中 20 座被重新用于居住和商业目的，2 座变为展览中心和博物馆，2 座改为办事机构，1 座用于社区服务，1 座作为传统的手工艺坊。业主都获得了开设如裁缝店、艺术馆、纪念品商店等所需的营业许可，这些业态先前在陈富街和黎利街是受到严格控制的。同时还鼓励开发其他类型的服务设施，如住家旅馆，或者把物业出租用于各类商业和导游服务。

8.2.4 成效与经验

会安的旅游业对遗产保护乃至社区发展的经济贡献，展示了文化遗产保护对可持续发展的促进作用。重要的是，会安的遗产保护高度依赖于游客门票销售和其他相关经济活动带来的收入。75% 的门票所得被再度用于遗产的保护和宣传活动，剩下的 25% 则用来提升旅游信息部门的服务品质。旅游业的收入还被用于城镇基础设施的改善，推动了当地生活品质的提升，并为可持续发展的战略提供了保障。迄今为止已经实施的一些投入类别包括：复兴每年的传统节日，研究和宣传当地的非物质遗产（每年预算约 34000 美元），维护遗产建筑（每年预算约 170000 美元），提供旅游信息服务（每年预算约 250000 美元）。

通过这些努力，会安在保证古镇旅游业的同时，促进了当地的可持续发展。虽然大量游客也带来了挑战和压力，但会安的旅游产业也广泛的惠及了当地的社区。许多产业部门创造了大量的就业岗位，但主要集中在旅馆和餐馆行业以及各种定制型服务、导游服务、交通服务（出租车、摩托和自行车租赁）、网吧和纪念品的售卖。2006 年，旅游业和服务业的就业总人数超过 1 万人。由此，旅游业成为当地重要的减贫手段，社区的总体收入也随之提高。市政府的数据显示在过去十年内，属于“贫困”和“低收入”级别的家庭数量大幅下降。此外，当地生活条件和基础设施条件的改善，如 2003 年设立的废物回收系统，也对当地人民生活质量的提升产生了明显的效果。

虽然会安的社会经济得到了长足的发展，但在旅游业的压力依然存在，在如何确保遗产保护可持续性方面也面临种种挑战，需要特别加强监测旅游业给会安的特征和完整性所带来的影响（图 8-2）。

a

b

c

d

e

f

g

a　日本桥

b　当地建筑

c　当地宗教建筑

d　当地市场

e　当地渡轮码头

f　当地提供给游客的人力车服务

g　本地桥梁

图 8-2　越南，会安

延伸阅读

André A., Maurice L., Nguyen H. (2011), Hoi An, Vietnam Mission Report, ACHR Asian Heritage Project.

James, U. (2010), "Real Culture Preservation, Authenticity, and Change in Hoi An's Heritage Tourism Industry", Independent Study Project (ISP) Collection, No. 873.

Nguyen T. T. H. (2008), Tourism development and the sustainable management of cultural heritage - A case study of Hoi An Ancient Town in Vietnam, KDI School of Public Policy and Management, Seoul, Korea.

UNESCO (1999), Hoi An Ancient Town. Retrieved on 20 October 2015, website: http://whc.unesco.org/en/list/948.

8.3 老挝：琅勃拉邦（Luang Prabang,Lao PDR）

以保护和再现文化和自然资源价值为基础的整体性方法

琅勃拉邦位于湄公河及其支流形成的一个半岛上，距离老挝首都万象约 300 公里。琅勃拉邦拥有丰富的文化遗产，包括古老的皇室贵族宅邸、传统的老挝式木构建筑以及 19—20 世纪的法国殖民建筑，这些遗产共同营造出和谐均质的城市格局。1995 年，作为两种文化传统和谐融合的杰出典范，琅勃拉邦被列入联合国教科文组织世界遗产名录。过去二十多年来在城市遗产管理方面的成功尝试，为琅勃拉邦带来了积极的改变，并显示出文化在促进城市及其周边地区发展过程中所发挥的重要作用。琅勃拉邦案例展示了在解决主要的发展问题和改善公共空间的品质方面所取得的显著成果。

8.3.1 城市的主要特征

琅勃拉邦位于老挝北部山区，湄公河及其支流南康河等河流的交汇处。作为丝绸之路沿线的关键节点，琅勃拉邦曾是 15 16 世纪澜沧王国的都城。经历长期的社会动荡，老挝分裂成三个独立的王国。1893 年法国在当地建立保护国以后，琅勃拉邦再度成为皇室和宗教的首都。1946 年，老挝首都迁至万象。如今，琅勃拉邦的人口约为 5 万人，包括缓冲区在内的世界遗产地总面积为 134 平方公里。琅勃拉邦主要由几处皇室宫邸和附近的寺庙以及这些建筑周边的一些独立村落组成。19 世纪晚期成为法国的保护国以后一直到 20 世纪上半叶，欧洲的建筑元素、房屋和街道体系与先前的城市形态交叉重叠，形成了各类风格、材料和文化的融合。如今，传统的木建筑紧邻着含有精细雕刻的佛教寺庙和佛塔，以及单层或双层的砖构排屋，带着浓重的殖民时期色彩。这种独特且保存完好的城镇风貌展示了两种不同文化的融合。这里的城市景观与周边普西圣山、河岸和湿地组成的自然环境和谐地融为一体，而这些自然环境也在当地的经济和社会发展中发挥着重要的作用。

由于现代化发展的滞后，琅勃拉邦的历史性城镇景观尚未受到显著影响，但在历史建筑的改造和再利用过程中，一些现代的建筑技术和材料（如水泥）已经得到广泛使用，给当地城市肌理和历史风貌的真实性带来威胁。

8.3.2 治理机制

在成为世界遗产之前的 1994 年，琅勃拉邦已被划定为老挝的遗产保护区（Heritage Protection Zone），1978 年第 1375 号法令也早已把当地的纪念物划入保护范围。1993 年，第 843 号法令宣布老挝的历史和殖民建筑均为老挝的国家遗产，对这些建筑的损毁都是违法的，必须依据刑法典第 103 条受到处罚。

1995 年起，当地与联合国教科文组织、法国希农市（the City of Chinon）和法国地区中心（French Région Centre）合作，依靠法国发展署（French Development Agency, FDA）、欧盟和联合国教科文组织提供的资金支持，在各个合作框架内共同制定了一个新机制，合作各方包括老挝的各级政府、联合国教科文组织、法国的合作机构和专家。法国希农市和琅勃拉邦之间的合作项目基于三个基本原则：

（1）采取以共同愿景为基础的综合性发展方法。

（2）培养地方机构的能力。

（3）确保项目过程中的公共参与。

该项目考虑城市的各个方面，包括建筑、经济、社会、文化和环境，关注遗产保护的主要需求并面向未来。

合作项目通过对已有的《琅勃拉邦城市规划》（*LuangPrabang Urban Plan*）修订和对现有的建筑、城市和景观遗产保护区的调整，老挝政府于 1999 年正式制定并通过了《保护和提升规划》（*Safeguarding and Enhancement Plan*），并成立特殊管理机构“遗产之屋”（Heritage House）作为技术咨询部门向当地政府提供实施方面的支持。这一规划框架取代了之前针对世界遗产地范围的保护区规划，同时周边地区则继续按原有《城市规划》的规定进行管理。《保护和提升规划》是当地平衡保护和发展的主要工具。经过对遗产地自身及其周边地区的大量研究，这份规划覆盖了 708.53 公顷的区域，比先前的遗产保护区面积还稍大，包括了部分殖民城镇以及半岛西侧和沿湄公河右岸的山地北麓。这份规划还制定了复杂但有效的管理机制以及土地使用方面的规定。

2009 年，“遗产之屋”被提升设立为遗产部，是琅勃拉邦的核心遗产管理机构，也是接收国外对琅勃拉邦遗产保护资助的主要部门。其职责是协调地方委员会的相关行动，增进对琅勃拉邦突出普遍价值的认识，并向参与开发和基建项目的各方提供建议。

遗产保护的职责由国家和省级的信息与文化部以及地区和村级管理部门承担。各类地方部门在省长的全面监督下，与“遗产之屋”分担《保护和提升规划》覆盖地区的各类管理和技术工作。这些机构包括由亚洲开发银行项目成立的城市发展机构，建设、交通、邮政与交流部，信息与文化部，旅游部以及宗教机构。负责国家遗产的省级委员会在省长的主持下确保各机构之间的协调一致。在省级以上，则由副总理担任主席的国家遗产委员会在国家层面行使相同的协调工作。琅勃拉邦世界遗产地的管理由总理内阁和博物馆及考古部共同负责。

其他相关的法律文件包括：《环境保护法》（*Law on Environmental ProtectionNo 09/NA, 1999*），其中第 16 条对历史、文化和自然遗产做了相关规定；第 7 条规定了在实施任何开发和基建项目以前必须开展社会和环境影响评价估。2005 年，通过总统令颁布了新的《国家遗产法》（*Law on National Heritage*），保障了对所有具有文化、自然和历史重要性的遗产的基本保护。这部法律对三个级别的遗产给予认可：地方级、国家级和世界级。在地方层面，“遗产之屋”提供建设许可方面的咨询，省级地方遗产委员会和国家跨部委遗产委员会则确保《保护和提升规划》以及《区域发展规划》（*Territorial Development Plan*）的执行。

在成为世界遗产地以后，对琅勃拉邦的援助和资金支持纷至沓来。在老挝国内，依据《关于颁布国家遗产法的总统令》（*Decree of the President of the Lao People's Democratic Republic on the Promulgation of the Law on National Heritage*）规定，从 2005 年起设立了国家遗产基金；同时在国际上，自 1996 年以来地方政府也受到了各类机构慷慨的资金和技术支持。

8.3.3 待解决的主要问题

过去二十多年间，琅勃拉邦依靠各战略伙伴的支持已经实施了许多项目。通过这些项目发掘并部分解决了一些问题，包括保护和管理机制的建立、地方文化和自然遗产的保护、地方发展的改善等。在这一过程中，首先，实现了建立遗产管理机制的目标；其次，启动了一些旨在保护地方遗产的项目，并向地方的城镇开发提供了指导意见。主要来自法国政府的国际援助也帮助地方政府更好地整合了各类保护和发展政策。此外，重心转变为改善当地的生活品质。为此在保护区内建造了一些新的建筑，对历史和传统建筑进行持续的改造升级，并提升了公共空间的环境品质。在保护区范围以外，建设新的城镇来应对城市人口的增长，同时实施了重要的基础设施项目，包括城乡通电和公共照明、新道路和已有道路的升级、水域的恢复、水源的洁净以及排污管道的铺设等。在上述阶段，从旅游推动发展的角度出发，重点关注纪念物的保护及其环境的改善工作。然而，随着旅游业的发展，琅勃拉邦脆弱的历史性城镇景观也面临越来越大的压力。

与此同时，城乡人口流动带来的急剧的城市人口增长，导致保护区外围的快速城市化以及世界遗产区内已有建筑的重建、居住密度的增大和建筑的扩建。如今，琅勃拉邦开始重视城镇及其周边地区的可持续发展，包括自然和文化资源、景观以及生态多样性的保护和可持续的利用。

8.3.4 遗产地的可持续发展战略要点

为了应对上述新的挑战（可持续旅游、景观的保护、人口的增长以及城市和城郊农业区的保护），在地区层面制定了新的规划工具《区域发展规划》（SCOT）来确保琅勃拉邦城镇的和谐发展。这份规划限定的范围远远大于世界遗产区，并明确了城市扩张的方向和战略选择，特别是高风险地区以及因为具有遗产和环境重要性而受到保护的地区。此外，2012 年 2 月，还颁布总理令设定了 12500 公顷的缓冲区。对于在缓冲区及以外地区的大型项目（新镇、大型旅馆等）提案，必须开展遗产影响评估（Heritage Impact Assessment）。

2004 年的《区域发展规划》提出了可持续发展的模式，目标是实现城镇各方面的平衡发展。该规划不仅仅关注遗产、老城范围及其周边环境的保护的改善，还关注农业遗产的保护以及城市开发和大范围的旅游开发行为。规划还对基础设施项目、街道和城市肌理的延伸以及作为实现这种平衡的关键要素——城市和城郊地区的农业等内容作了相关规定。

近几年，在《区域发展规划》的框架内，优先实施了可持续发展项目。例如琅勃拉邦城区和城郊的农业发展，支持保护农田和农业活动，并确保低密度和低层的居住区开发。与之类似，南康生态山谷项目则寻求景观和建筑遗产保护、城市发展、减贫和旅游发展之间的大规模整合。这些项目都是源于多层次、多方面的干预行动（环境、农业、手工艺、旅游），并由区域项目框架来确保相互之间的协调和补充。水资源是组成当地特征的重要元素，极易受快速城市化的影响。因此，2008 2010 年间，当地在法国世界环境基金（French Fund for World Environment）资助下实施了“水利系统”计划。该项目旨在获取水环境方面的知识，增进人们的认识，通过能力建设和开展具体的项目来改善水利系统，包括“湿地恢复项目”。

8.3.5 成果与经验

琅勃拉邦“入遗”二十多年来，增强了以综合性的法规机制为基础的城市管理政策，推动了城市乃至整个地区的可持续发展，这些成果尤其体现在：

（1）颁布了新的《国家遗产法》。

（2）设立了“地方遗产委员会”。

（3）设立了公共服务机构“遗产之屋”，并于 2009 年成为信息与文化部主管的地区性服务机构“世界遗产部”。

（4）制定、通过并实施了《保护和提升规划》（PSMV），成为管理保护地区的一大监管手段。

（5）制定、通过并实施了《区域发展规划》。

（6）在世界遗产地周边设立了缓冲区。

（7）成立了“城市开发机构”（Urban Development Agency）。

（8）修订了《琅勃拉邦城市规划》。

经过二十多年不间断的努力，琅勃拉邦基本实现了发展的平衡与和谐，这一切都得益于“入遗”及其带来的一系列的国际合作。在各个合作项目的框架内，制定了一系列管理和保护历史城镇的法律文件，包括地方政府制定的《发展规划》（*Development Plan*），以及与法国发展署合作制定的《区域发展规划》来控制快速的城镇扩张，保护周边的自然景观和农田。此外，当地还建立了建筑遗产和公共空间的 GIS 数据库，来协助管理遗产地和缓冲区内的建设活动。投入了大量的精力对古寺庙进行修复，并对传统房屋和殖民建筑进行修缮更新。此外，地方政府还与城市发展管理局合作，修建道路、修复湿地、改造排污系统、修缮湄公河等河流的河岸，并实施城镇和附近村落的公共照明工程。

琅勃拉邦的快速发展也得益于其他国家和国际机构的资助，国际援助不但包括资金支持，还协助改善当地的管理机制，提供引导当地发展的技术支持。

琅勃拉邦的综合性发展项目能够获得成功，很大程度上是因为采取了以保护和再现文化和自然资源价值为基础的整体性方法，同时为当地居民创造了社会和经济发展的良好机遇。琅勃拉邦能够在保护和更新之间取得的平衡，源于当地对历史城镇遗产价值的准确认识以及尊重当地文化的发展思路。

8.3.6 未来的行动

作为一座有着强大村落联系的城镇，对琅勃拉邦未来发展的探讨将从四个层面展开，分别是居民、村落、城镇和地区。在当地居民方面，琅勃拉邦将面临移民人口的增长，因此应当通过推广社区参与来提升民众对遗产的认识。在村落方面，应当增强地方特征来保护村落鲜明的特色，并动员当地社区参与到公共空间的管理过程中。在城镇层面，需要把保护政策纳入地方的法律体系，同时需要有效的管理机制来控制城市和地区的开发。在地区层面，未来的发展战略将主要针对旅游业的管理，包括通过游客向周边村庄进行分流以及村落间通达性的改善来缓解游客带来的压力。还需建立或制定一种能把自然和建筑遗产保护与经济、社会和文化发展有效结合到一起的机制或工具。此外，在制定这一未来机制和工具时，还应当考虑到当地的生活品质、当地对自然资源和景观的尊重以及这些资源的可持续利用（图 8-3）。

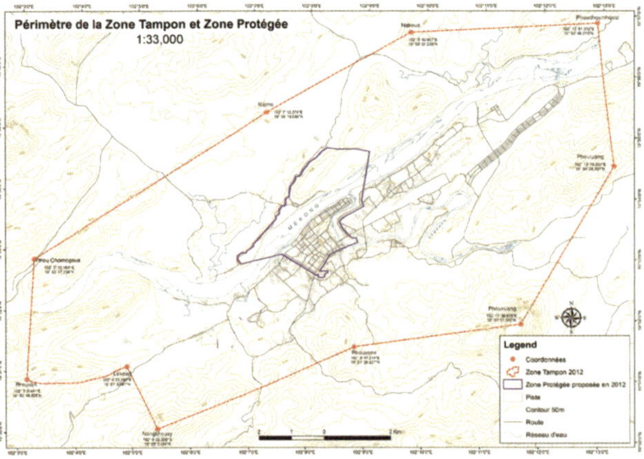

a

b

c

d

e

a　遗产地保护范围图

b　城镇鸟瞰

c　皇宫

d　寺庙

e　传统住宅更新

f　街道

g　街巷整修

h　巷道整修图

i　“遗产之屋”

图 8-3　老挝，琅勃拉邦

f

g

h

i

延伸阅读

Berliner, D. (2012), "Multiple nostalgias: the fabric of heritage in Luang Prabang (Lao PDR)", Journal of the Royal Anthropological Institute (N.S.), 18, pp. 769-786.

Boccardi, G., Logan, W. (2007), "Reactive Monitoring Mission to the Town of Luang Prabang World Heritage Property, Lao People's Democratic Republic, 22 - 28 November 2007", UNESCO World Heritage Centre & ICOMOS.

Delmont, F., Working with citizens as citizens: The case of Luang Prabang.

Delmont, F., LUANG PRABANG, The City of Short Paths, The City Without the Power.

Delmont, F., Savourey, C., A VISION OF THE CITY OF THE FUTURE AND ITS RELATIONSHIP TO THE SURROUNDING RURAL SPACE.

Savourey, C., Robert, E., A program for the development of periurban agriculture, an operational component of the SCOT.

Suntikul, W. (2011), "LINKAGES BETWEEN HERITAGE POLICY, TOURISM AND BUSINESS ENTERPRISES IN LUANG PRABANG", Heritage Driver of Development, ICOMOS 2011, pp. 1069-1076.

The Chinon Development and City Planning Agency (2004), TEN YEARS OF DECENTRALISED COOPERATION BETWEEN THE CITIES OF CHINON AND LUANG PRABANG, SPONSORED BY UNESCO.

UNESCO (2015), Town of Luang Prabang. Retrieved on 15 October 2015, website: http://whc.unesco.org/en/list/479.

8.4 缅甸：仰光 (Yangon, Myanmar)

建立城市遗产保护的合作关系

缅甸前首都仰光拥有保存完好的历史中心的城市，这一切得益于几十年来缅甸所受的政治和经济孤立。仰光市中心保存完好，承担着居住和商业功能，是整座城市充满活力和多样性的历史中心。在仰光市内，1950 年以前的建筑约有 2000 处，是典型的活态文化遗产。然而，由于快速的城市发展和房地产的兴起，许多城市遗产建筑和场所都面临风险。成立于 2012 年的仰光遗产信托（Yangon Heritage Trust）一直与仰光城市开发委员会（Yangon City Development Committee）合作，推动遗产保护和城市更新，以营造一个宜居和充满魅力的城市中心。但在实施城市保护和城市更新的过程中，仰光既收获了成功也经历了失败。仰光市中心的案例展示了一个快速发展的城市在实施保护和更新的初始阶段，可能遇到的问题及其解决方式。

8.4.1 城市的主要特征

仰光是一座充满魅力的东南亚城市，以金（金色的佛塔）、绿（绿色室外空间）的色彩组合而闻名。仰光的历史中心反映了这座城市所独有的丰富的国际化历史：佛塔寺庙之类的宗教古建筑、宏伟的宫殿和殖民时期的政府办公建筑，以及年代更近的建筑遗产。以下名单涵盖了仰光主要的遗产建筑。

1. 瑞光大金塔（Shwedagon Pagoda）

瑞光大金塔作为缅甸最重要的国家纪念物在仰光古老的城市环境中享有极其重要的位置。如今，大金塔及其周边环境已经被文化部指定为文化遗产地区，更大范围的周边地区被仰光城市开发委员会划定为限制开发地区。

2. 遍布城市的登录遗产建筑

仰光拥有许多重要的遗产建筑。作为遗产保护重要的第一步，1996年仰光城市开发委员会宣布将189处主要的机构和宗教建筑列为保护对象且不得拆除。这是一个及时的决策，随着缅甸的行政中心迁至内比都，许多机构建筑失去了原有的功能且遭到废弃，也成为开发重建的重点地区。这份名录通常被称为“189名录”（the 189 List），但事实上如今只有188处建筑（名录公布后，1处登录的建筑遭到拆除）。

3. 仰光市中心的街道景观

仰光市中心最重要的特色可能是原始的街道布局，使其成为亚洲独一无二的城市景观。市中心地区总共包括50条街道，呈四个街区的方格网形态，其中不同功能的重要历史建筑林立，包括公共建筑、商业建筑、宗教建筑、商铺、私人住宅和工业设施等。

8.4.2 治理机制

仰光城市遗产保护的相关法律法规如下：

1.《文化遗产地区保护和保存法》（*Protection and Preservation of Cultural Heritage Regions Law*）（文化部，1998、2009年修订）

这部法律涉及的对象仅限于100年以上历史的古迹和遗址，并不涉及非物质文化遗产或其他类型的遗产，如建筑群或街道形态。

2.《文物法案》（*The Antiquities Act*）（文化部，1957）

1957年的《缅甸文物法案》是由文化部针对古代纪念性遗址制定的，但这部法案比较僵化，不太灵活，对仰光不断变化的城市景观不足以起到理想的保护作用。

3.《仰光城市遗产保护法草案》（*Proposed Yangon Urban Heritage Conservation Law*）（仰光遗产信托拟定，2013）

鉴于《文化遗产地区保护和保存法》的条款不足以覆盖所有类型的城市遗产，仰光遗产信托（YHT）在 2013 年拟定了这份草案提交给地区政府，但至今仍未正式颁布。

4.《租金限制法案》（*Rent Control Act*）（建设部，1947）

仰光市中心的房屋缺乏维护，部分原因就是《租金限制法案》。法案的规定让土地所有者很难从自己的土地上获益，迫使他们选择重建或再建，而不是对原有的建筑进行维护修缮。

5.《缅甸国家建筑规范》（*Myanmar National Building Code*）（建设部，2015 暂行）中的历史建筑章节

根据《历史建筑条例》（*Regulations for Historical Buildings*）（暂行）中“历史建筑章节”（Historical Building Chapter, HBC）的要求，政府有权指定具有重要历史、社会、文化、建筑和科学价值的地区，以保护城市遗产地区及其自然环境和特征，政府必须向开发商递交遗产影响评估和 / 或保护管理规划的内容。

6.《大仰光地区战略性城市发展规划》（*Strategic Urban Development Plan of Greater Yangon*）（仰光城市开发委员会，由日本国际合作机构于 2013 年实施）

包括一项由日本国际合作机构和仰光城市开发委员会合作开展的研究，并于 2014 年获得地区政府批准并通过。该项规划制定了大仰光地区的发展前景，并确定了五个发展优先项，其中明确提及了文化遗产。

7.《控制性规划》（*Zoning Plan*）（仰光城市开发委员会，2014年起草）

作为缅甸负责城市规划的部委机构，建设部协助仰光城市开发委员会起草了仰光市的《控制性规划》。仰光遗产信托、曼德勒科技大学和缅甸建筑师协会合作成立的“仰光城市综合土地使用、分区和城市设计审议工作委员会”，正在对规划进一步细化。但根据《市中心保护区草案》（*Downtown Conservation Zone*），政府当局需要制定一个“遗产保护、改造和更新框架”，包括说明高度限制、遗产登录和控制框架方面详细的控制参数。

8.4.3 面临的主要问题

在仰光目前的地产开发背景下，除旧建新的做法往往比保护历史建筑更具吸引力。这意味着原有的三至四层高的历史建筑正在被八至十二层的现代建筑取代，城市景观正在快速改变，也给基础设施带来了压力。其中的部分原因是建筑的老化以及维修不当。长此以往，在资金上这些建筑的管理和维护便无法持续。到目前为止，尚没有充分的法律条款或清晰的行政机制来解决仰光遗产保护的上述问题。

日本国际合作机构制定的《大仰光地区战略性城市发展规划》呼吁要从五个方面采取“遗产和城市景观”行动：

（1）历史和文化遗产的记录归档。

（2）依据遗产建筑来制定城市更新规划的导则。

（3）针对保护的实施过程制定管理规划。

（4）为遗产相关的建设活动培养人才和专业技能。

（5）遗产建筑和城市景观的修复。

遗憾的是，地方政府并没有把资源和时间投入到上述目标的实现中，日本国际合作机构制定的总体规划也缺乏要实现这些发展优先项的前期可行性报告。这也加剧了社会对规划会继续滞后于发展的担忧。

仰光市中心的主要利益相关方包括：政府和非政府组织、协会、居民、开发商、投资方、承包商、企业主等。从某种程度说，缅甸的公众对国内的宗教古迹都普遍有所了解，但开发商、承包商和土地主却往往无视城市遗产。因此，必须加强仰光相关政府部门、组织和协会在城市遗产保护方面的合作。

8.4.4 建立城市遗产保护的合作关系

2011 年 11 月，仰光城市开发委员会成立了城市规划部（Urban Planning Division）负责仰光未来的发展。城市规划部继而成立了城市遗产保护小组来制定遗产地区的导则，同时确保适当的居住和商用活动来维持这些地区的经济活力以及当地对游客和居民的吸引力。为了增进新成立的城市规划部的能力，2013 年至 2015 年欧盟组织了为期两年的能力建设项目，来协助仰光城市开发委员会和仰光遗产信托从三个领域加强机构运行的能力：

（1）强化城市规划，特别是遗产规划的架构。

（2）拓宽规划过程的内涵，并向市民开放这一过程，包括提升公众遗产保护意识的宣传活动。

（3）提供能力建设、调研和测绘仪器、数据和软件等，用来开展遗产建筑的记录归档工作。

尽管仰光城市开发委员会是负责规划和开发事务的官方行政机构，但在遗产尤其是历史中心区的管理方面，他们主要依靠仰光遗产信托的专业支持。虽然后者是一个非政府机构，但在制定历史中心区的发展规划指南方面发挥了积极的作用。作为委员会的主要顾问，仰光遗产信托正在起草新的分区和土地使用规划，针对仰光拟设立的历史中心城区保护区制定《特别发展规划》（*Special Development Plan*）。为了展示历史建筑再生性利用的方法和不同的选择，仰光遗产信托还开展了几个试点项目，最突出的案例就是吴丹故居（U Thant House）和合矢屋（Waziya）电影院。仰光遗产信托还实施了“蓝牌计划”（Blue Plaques Project）来凸显重要的历史建筑。为了提升人们的意识，让人们欣赏仰光的遗产和参观游览，还针对地方社区和游客组织了徒步线路。仰光遗产信托还举办各类工作营和能力建设培训，涵盖从建筑保护到规划领域等城市遗产主题。

此外，亚洲城市开发计划（Cities Development Initiative for Asia）组织了一个由十位国际和地方规划师、建筑师、遗产专家、房地产专家和金融分析师组成的团队，协助仰光城市开发委员会和仰光遗产信托，在城市历史中心选定的试点区域内实施一项遗产引导下的综合更新计划。研究的主要目的是推进仰光的遗产保护、基础设施建设和经济发展。该研究将针对以下四类遗产的情况，列举出如何通过遗产保护和发展的相互结合来建设充满活力的城市的方法：

（1）业主和 / 或租客可以利用“小额金融计划草案”，在维持原有功能的情况下，修缮自己的房屋并改善物业的状况。

（2）业主和 / 或租客可以通过变更使用功能或所有者，以及通过引入投资的方式，修缮自己的房屋并改善物业的状况。

（3）包含商业用途（零售、办公、居住等）在内的适用于再开发的物业。

（4）具有改造为公共 / 文化设施潜能，具有特殊遗产价值或文化特征（社区中心、图书馆、博物馆等），且具有拟发放的遗产基金资格的物业。

8.4.5 经验借鉴

通过仰光遗产信托强有力的宣传以及仰光城市开发委员会的支持，得到拆除许可的珍贵历史建筑数量显著减少了。目前的重点是向土地所有者和开发商提供更多样的开发选项，包括在改善居住和工作条件的过程中更加尊重历史街区风貌。仰光案例清晰地凸显了仰光遗产信托之类的组织以及仰光城市开发委员会这样的政府机构，通过相互合作可以获得实施计划所需的知识和技能以及工具和资源（图 8-4）。

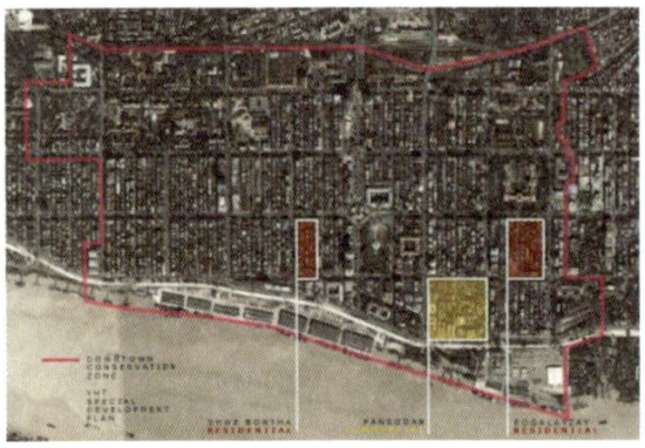

a

b

d

c

e

a 建议中的历史中心保护区

b 缅甸最高法院

c 历史中心的商住建筑

d 殖民建筑

e 老城区的传统建筑和现代建筑

f 仰光历史中心鸟瞰

图 8-4 缅甸，仰光

f

延伸阅读

Yangon Heritage Trust. Retrieved on 15 October 2015, website: http://www.yangonheritagetrust.org/home.

Japan Consortium for International Cooperation in Cultural Heritage (2013), *2011 Survey Report on International Cooperation Survey Report on the Protection of Cultural Heritage in Republic of the Union of Myanmar.* Retrieved on 15 October 2015, website: http://www.jcic-heritage.jp/en/doc/index.html.

9

9
太平洋地区

9.1 澳大利亚：巴拉瑞特（Ballarat, Australia）

实施历史性城镇景观（Historic Urban Landscape）方法——《今天明天同在：巴拉瑞特战略》（*Today Tomorrow Together: The Ballarat Strategy*）

巴拉瑞特是澳大利亚的一个中型城市，也是全国发展最快的地区性城市之一。巴拉瑞特拥有丰富的原住民文化和悠久的殖民历史，作为一座 19 世纪中期的历史城镇，依然保存完好，由这些文化和历史所塑造的城市肌理也很好地保留至今。与当代的许多城市聚居区类似，巴拉瑞特也面临着现代化进程和发展过程中的压力，地方的传统价值也遭受威胁。然而，巴拉瑞特通过实施一项整体的、全面的发展战略，把遗产作为实现安居乐业和可持续发展的核心策略，成功地维持了地方所独有的特征。而在这一战略的制定和长远的实施等各阶段中，都把历史性城镇景观（HUL）方法作为主要的指导依据。

9.1.1 城市的主要特征

巴拉瑞特市位于澳大利亚维多利亚州西部，占地面积 740 平方公里。人口超过 10 万，并以每年 2000 人左右的速度逐年递增。据预测，其在今后 25 年，其总人口数将至少增长 60%。历史上，巴拉瑞特的发展主要依赖矿藏和农业资源，而在当下，旅游业、制造业、卫生和社区服务业、教育和零售业已经成为当地最主要的产业。

巴拉瑞特的原住民文化可以追溯到四万多年以前，它被瓦达乌鲁族人（Wadawurrung）称为“Ballarat”，即“静修之地”。时至今日，瓦达乌鲁族人和达日乌鲁族人（DjaDjaWurrung）文化依然是现在巴拉瑞特的有机组成部分。1838 年，首位白人定居者阿奇博尔德•尤耶尔（Archibald Yuille）来到此地，并将这里命名为“Ballarat”（巴拉瑞特）。1851 年，当地发现金矿，淘金者以及超过 2 万名矿工随之而来，并于 1852 年宣布成立镇区。此外，澳大利亚唯一一次民间武装起义“尤里卡暴乱”（Eureka Rebellion）就发生在巴拉瑞特战场，也成为当代国家乃至世界的非物质遗产。从掘金热伊始到 19 世纪 50 年代的淘金潮时期，大量的国际移民来到了巴拉瑞特。现在，巴拉瑞特成为全世界最重要且保存最为完好的 19 世纪中期历史城镇之一，当地居民也为自己城市的历史而自豪。当地保存完好的建筑遗产，包括标志性的公共建筑、公园和花园、雕塑和纪念物，都是城市文化和历史的见证。

9.1.2 治理机制

巴拉瑞特丰富的活态文化遗产在其城市的管理和发展战略中发挥了关键作用，同时各利益相关方也对遗产的研究、保护和价值再现以及文化活动的推广作出了贡献。巴拉瑞特市议会负责整座城市的运行，并协调城市发展和社会事业方面的战略。在市议会内部，主要由遗产咨询委员会来统筹遗产的管理、教育和宣传等方面的主要利益相关方，并为遗产区域内的业主提供免费的咨询服务，同时鼓励公众参与各类会议并与有关当局紧密合作，由此在主要的行动方和相关的社区成员之间开启了对话与合作。巴拉瑞特遗产咨询委员会所提出的愿景是“（把）巴拉瑞特打造成未来世界级的遗产地和体验地”。

此外，市议会还负责遗产补助和贷款项目的协调工作，如“巴拉瑞特遗产修复基金”（Ballarat Heritage Restoration Fund），其前身为“共同保护我们的遗产补助项目”（Preserving our Heritage Together Grants Programme）。自 2010 年成立以来，政府已通过该项目向大约 34 名私有、商业和非营利性质的遗产所有者发放超过 165000 澳元的补助，用于遗产保护项目的实施。另外，还划拨了400000澳元的低息贷款供业主申请用于私人的保护项目。如今，“巴拉瑞特遗产修复基金”还通过巴拉瑞特市和维多利亚州遗产修复基金之间的合作，提高了项目的补助金额，使补助总额翻了一番。针对那些在“遗产覆盖区”（Heritage Overlay）保护范围内的私有场所，基金还会额外发放为期三年总额为300000澳元的补助，每个财政年度分两轮发放。经巴拉瑞特市认可的文化遗产，会被纳入城市规划项目所划定的“遗产覆盖区”的保护范畴。对于10000余处已被划定的遗产和地区，必须获得规划方面的许可才能对它们的历史结构、特征和场所进行改动。原住民的文化遗产，尤其是瓦达乌鲁族人和达日乌鲁族人的遗产，以州政府法案的形式受到严格的法律保护。除了这些立法行为，自1998年起巴拉瑞特便成为历史城市联盟（League of Historical Cities）的国际成员，并从2006年起任理事会委员。

9.1.3 面临的挑战

和当今的许多历史城镇一样，巴拉瑞特正面临发展和现代化方面的挑战，城市的更新战略必须考虑如何对变化做出管理，以便在保护遗产的同时满足地方社区的需求。任何战略的制定都必须考虑关于发展和转变的多重观点。一方面，接受发展所能带来的益处，比如更好的设施和服务、更广泛的休闲娱乐选择以及更为繁华的中心商务区；但与此同时，也要把遗产置于城市的核心位置，不要让遗产地变得过分拥挤和不适，进而影响城市独有的特征。因此，最主要的问题和讨论仍然围绕着如何改善并保护文化遗产和传统价值，同时满足社区对更大的居住空间、更多的就业机会以及更具吸引力的生活方式的需求。这些问题都会纳入全球性的气候变化的背景中加以考虑，因为巴拉瑞特气候炎热干燥，遭遇的严重气候事件也更频繁，也让当地的遗产和重要的生活模式显得更加脆弱。

9.1.4 基于文化遗产的城市保护与城市更新战略

为了应对上述问题并实现把巴拉瑞特打造为“世界级遗产地和体验地”的目标，当地政府实施了两大相关联的战略以及一系列的工程和项目。

1.《今天明天同在：巴拉瑞特战略》

2015 年，市议会通过了《今天明天同在：巴拉瑞特战略》（简称《战略》），其中包含了至 2040 年巴拉瑞特所要实现的长远发展愿景，即努力把城市发展为更具活力、更加环保和连接更加紧密的城市。以此为基础，《战略》所解决的问题涉及发展、基础设施建设和规划等方面的管理，对产生巨大经济、社会、环境和社区效益的开发项目的选址和规划进行指导，对基础设施建设和服务的提供进行引导，从而保障社区的需求得到满足，并有效地协助城市正确应对经济、环境和社会方面的挑战。由此，通过一系列政策和理念，《战略》为城市勾画出今后 25 年的蓝图，城市所有的开发行动都将以这些政策和理念为准则。《战略》的推进得益于以历史性城镇景观方法为基础的公众意见征询行动，主要是通过一项名为“巴拉瑞特畅想”（Ballarat Imagine）的活动向市民征集意见，让他们提出关于这座城市最重要的是什么？对城市的未来有什么展望？这场活动成为有史以来获得反馈最多、参与度最广的社区咨询，收到近 6500 条反馈，其中遗产被提及的次数排在首位。最终，以两大项目的形式展现了最终版的《战略》内容。

1）“10 分钟城市”：支持紧凑型城市的宜居社区
该项目支持社区希望在城市发展的同时适时维持或改善现有的服务和交通通达性的愿景。这意味着要以保持紧凑城市为导向进行土地使用的决策、发展完整的地方社区、确认城市更新的主要区域以及改善交通网络。

2）“景观中的城市”：支持更加绿色和更具生机的城市

这一项目承诺长期应用历史性城镇景观方法，以确保《战略》能准确应对当代的挑战而得以有效的实施。这一概念强调城市在景观层面所固有的自然、文化和历史定位，即城市的特色和特征，体现了采用综合性的视角和战略的必要性。其中包含采用一种城市森林方法来保护巴拉瑞特珍贵的森林景观环境，通过联合国教科文组织的创新工具来管理历史性城镇景观的变化，并承认和应对气候变化及其环境危害。

2. 实施《关于历史性城镇景观的建议书》

在此份《战略》通过以前，巴拉瑞特于 2013 年 9 月和亚太地区世界遗产培训与研究中心（WHITRAP）签订了战略合作协议，成为全世界首个加入联合国教科文组织《关于历史性城镇景观的建议书》（2011）国际试点项目的城市。巴拉瑞特希望通过实施历史性城镇景观（HUL）方法，实现城市的发展和现代化，并满足社区需求，同时不损害当地基于遗产资源基础的城市特征和文化价值。因此，双方开启了旨在针对澳大利亚城市实施 HUL 方法的一系列合作行动。2013 年，巴拉瑞特携手 WHITRAP 与迪肯大学亚太地区文化遗产中心（CHCAP）举办了一次 HUL 研讨会。会议期间，专家们从社区、景观和政策 / 规划问题入手探讨了 HUL 的应用。2015 年，澳大利亚联邦大学、迪肯大学和 WHITRAP 联手举办了第二次研讨会，在讨论 HUL 主题的同时还举办了“关于巴拉瑞特变化管理的金点子”（Big Ideas for Managing Change in Ballarat）社区讨论会。两次会议都强调制定有效手段促进与当地市民和利益相关方合作的必要性，还认为必须把 HUL 纳入“巴拉瑞特规划方案”（Ballarat Planning Scheme）和《巴拉瑞特战略》（*Ballarat Strategy*）的实施过程中，并重新构思目前所使用的方法和过程。

值得一提的是，与会者都是来自各专业学科和组织机构的代表，包括大学、州 / 地方政府、非政府组织、澳大利亚 ICOMOS、地方组织、商业机构和社区成员等。在 HUL 方法的框架内，巴拉瑞特的规划战略部门还委托实施一系列的合作研究活动，包括：

（1）探索 HUL 在澳大利亚的操作流程，绘制城市的历史性城镇景观地图，并评估社区的价值。

（2）研究 3D 及其他信息技术手段对 HUL 应用的有效性。

（3）用“巴拉瑞特规划方案”检验 HUL 的实施情况。

（4）评估社区驱动的社交媒体和项目的应用潜力。

（5）针对脆弱性的评估和监测，开发适用于 HUL 的实证方法（Evidence-Based）。

此外，还向澳大利亚联邦大学的澳洲历史合作研究中心（Federation University Australia's Collaborative Research Centre in Australian History）提供启动资金，针对 HUL 在当地的实施开展博士生研究项目。该中心通过举办了一系列讨论会、研讨会、博士生研究项目和咨询项目，持续支持着巴拉瑞特的 HUL 方法应用。

巴拉瑞特还利用多样化的工具来实施 HUL 方法。首先，为了让市民了解遗产价值以及当地的特征，说出他们所期待的远景和理想，从而制定目标最终达成共识并实施行动，当地把公众参与和合作作为主要的行动手段。规划以及知识和信息的获取也是理解城市景观、开展监测、评估活动以及认识文化重要性的关键步骤。适用于巴拉瑞特文化和政治背景的监管制度，是保护和管理行动有效实施的保障，这些制度在考虑了变化的同时也推广了遗产。最后，为满足能力建设的需求并同时支持公私部门的投资、合作和行动，依据具体情况所设计的金融和财务工具也是非常重要的。上述重要信息都是 2013 年制定的《巴拉瑞特与联合国教科文组织 HUL 方法》（*Ballarat and UNESCO's HUL Approach*）宣传册的内容，制定宣传册的目的提升社区对 HUL 方法的认识并促进这一方法的传播。

2015 年，巴拉瑞特推出了巴拉瑞特 HUL 网站和巴拉瑞特可视化地图工具（www.hulballarat.org.au），这是为实施 HUL 而专门设计的社区参与、知识传播和规划工具。这些新工具由地方当局和澳大利亚联邦大学电子研究和数字创新中心（Federation University Australia's Centre for eResearch and Digital Innovation）合作开发。这些在线工具展示了巴拉瑞特 HUL 研究的众多成果，并推动了机构和当地市民之间的合作。该中心的研究人员最近进行的影响分析，强调了在线工具未来在实现广泛领域应用方面的潜力。

地方政府还开展了提升 HUL 价值并拓展 HUL 应用的其他项目，包括：

（1）“动员社区项目”：目的是通过增强地方能力、提升社区韧性（Community Resilience）、增强社区在制定和实施项目方面的权力。该项目所提供的全面整体的框架改变了以往政府的参与过程。结合 HUL 方法的应用，这一项目还得到了进一步的扩展，强调突出当地特征以及对变化的管理。

（2）“市民活动中心—社区参与的设计过程”：这是市议会、地方建筑师工作室、社区成员和一位博士生研究员的合作项目，目的是对中央商务区一块 1.5 公顷地块和市民中心进行改造再利用。为了推动市民参与和协商，该项目从物质和社会两个层面出发，既开展了市民参与的过程，又在市议会和社区之间建立起了新的工作方式和合作关系。设计结果不再是建筑师的首要关注点，主持项目的设计师设计了“合作小组”（一种紧密的治理架构）、“开放工作室”（一种推动面对面参与的现场设计工作室）、简讯（用于交流的数字化出版物）等一套实验活动，来共同构筑起对某个地方的愿景展望。在一年的过程中，该项目已经激发了社区和议会对未来的期许，在发展和现代化压力以及随之而来的经济、环境和社会问题面前，现已进入到实施阶段。

（3）巴拉瑞特的艺术和文化项目及机构：巴拉瑞特设立了由一系列文化活动、节日、展览和表演组成的创新项目来展示其丰富的文化价值。巴拉瑞特还拥有一大批国内乃至国际上享有盛誉的文化机构，如女王剧场（Her Majesty's Theatre Ballarat）、巴拉瑞特美术馆（Art

Gallery of Ballarat）、澳大利亚民主博物馆（Museum of Australian Democracy at Eureka）、主权山博物馆（Sovereign Hill Museum）和黄金博物馆（Gold Museum）。这些艺术和文化机构、大量的公共艺术藏品以及日趋壮大和多样化的艺术社区，推动了地区内文化旅游的发展，推动着经济、社会、健康和人民幸福感的提升。

（4）可持续的水资源：通过创新的水资源规划确保了巴拉瑞特大量的历史花园和文多湖（Lake Wendouree）未来的可持续发展。城市中的植物园和著名的斯图尔特街花园（historic Sturt Street gardens）都配备了新的地下水灌溉系统。深受市民喜爱的文多湖也有了再生和可持续雨水计划，包括利用盆地地形向湖泊额外供给700兆升的雨水。此外，还通过与巴拉瑞特水资源管理部门的合作，每年向湖里注入650兆升的A级循环水。世界上最长的纪念大道“巴拉瑞特荣誉大道”（ the Ballarat Avenue of Honour）也已在修复中，主要是对沿街缺损的树木进行替换，同时保存道路的主要风貌。

还有许多其他的工具和项目体现了文化和遗产对巴拉瑞特的重要作用。例如设立了“巴拉瑞特遗产奖”（Ballarat Heritage Awards），对创新改造和利用遗产的项目、历史街区的新设计、保护和遗产技术以及社区对遗产的贡献等进行嘉奖。又例如“保护巴拉瑞特遗产战略”（ Preserving Ballarat's Heritage Strategy）的制定，通过对城市范围内的遗产地变化的创新管理进行补助，来进一步保护和提升遗产价值。这些项目，连同大量的补助和贷款，都有效促进了遗产在城市发展中的重要地位。

9.1.5 成果与展望

通过积极有效的巴拉瑞特发展战略行动和规划，同时认识到巴拉瑞特独有的特征以及保护城市历史场所的重要意义，文化遗产已经成为巴拉瑞特城市更新计划中的关键因子，也是影响市民福祉和城市生活质量的重要因素。调查显示，社区居民都对当地的遗产建筑和街区风貌、公园花园以及城市的悠久历史感到自豪，并且已经自发地开始保护和提升巴拉瑞特的文化价值。巴拉瑞特具有强烈的社区意识，同时为周边的乡村提供了一座地区性城市的设施、服务和活动。巴拉瑞特因为在遗产方面所取得的成功，被澳大利亚规划机构和维多利亚州遗产委员会授予 2011“遗产委员会奖”（Heritage Council Award）。同时新的 HUL Ballarat 网站和巴拉瑞特可视化在线工具也被授予2015年维多利亚州“人民和社区”特别优秀奖(2015 Victorian Spatial Excellence Award for “People and Community”）。

通过结合 HUL 方法来制定城市发展的战略，将遗产纳入长远的发展计划也成为巴拉瑞特未来的趋势。《巴拉瑞特战略》为社区居民提出了城市未来的愿景——“巴拉瑞特畅想”，包括实现以下目标：

（1）城市将变得更具活力和吸引力，同时将保持自身特色。巴拉瑞特珍贵的遗产将是社区生活的中心。

（2）城市的发展将由社区的福祉、特征的增强和生活品质的提升为推动力。将继续支持能够造福社区可持续发展项目，包括利用巴拉瑞特所具备的优势——美丽的城市、生活方式和场所。

（3）新的方法，包括历史性城镇景观方法，都将有助于对规划、政策、财政方面进行决策。

（4）地方政府将在社区愿景的实现过程中起领导作用。

巴拉瑞特将继续实施历史性城镇景观方法，通过开展项目和研究寻找城市文化遗产更广泛的价值及其独有的特征，确定城市可接受的变化的界限，运用积极的战略、政策和工具来确保社区愿景的实现（图 9-1）。

HISTORIC URBAN LANDSCAPE BALLARAT
CITY OF BALLARAT
HOME ABOUT SEE SHOW TALK RESEARCH BLOG CONTACT
See
Show
Talk
Research
A portal to Ballarat's past, present and sustainable future
VisualisingBallarat
News

a

Ballarat and UNESCO's historic urban landscape approach
CITY OF BALLARAT

b

c

d

e

f

i

j

g

h

a　巴拉瑞特 HUL 官网
b　巴拉瑞特 HUL 手册封面
c　巴拉瑞特城区鸟瞰
d　邮局艺术馆
e　埃斯蒙德湖植物园
f　修复项目
g　市民中心
h　黄金博物馆
i　文多湖
j　遗产修复基金

图 9-1　澳大利亚，巴拉瑞特

延伸阅读

Revised by Ms. Susan Fayad, Coordinator Heritage Strategy, City of Ballarat, Australia. E-mail: susanfayad@ballarat.vic.gov.au.

The City of Ballarat. Retrieved on 19 October 2015, website: http://www.ballarat.vic.gov.au.

City of Ballarat (2013), Ballarat and UNESCO's Historic Urban Landscape Approach. Retrieved on 19 October 2015, website: http://www.ballarat.vic.gov.au/sh/heritage/historic-urban-landscape-approach.aspx.

附录

附录 A
主要法律法规

以下罗列了本研究地区部分国家针对城市保护和城市更新或者在这一方面产生了深远影响的主要法律法规。

AUSTRALIA

Environment Protection and Biodiversity Conservation Act 1999/2000

澳大利亚

《环境保护和生物多样性保护法案》（1999/2000）

CAMBODIA

Arrêté du Gouverneur Général de l'Indochine sur la conservation des monuments et objetsayant un intérêt historique ou artistique

Arrêté sur les monuments historiques du Cambodge

Accord culturelentre le Cambodge et la France

Abstract and delimination of the law respecting the classification, conservation and protection of historical monuments

Royal Decree 001 on protected cultural areas

Royal Decree 0199/18 on ASPARA

柬埔寨

《关于名胜古迹和艺术品保护的印支总督令》

《关于柬埔寨纪念物的印支总督令》

《柬法文化协议》

《关于历史纪念物分类、保存和保护的法律的概括和界定》

《有关受保护文化地区的 001 号皇室令》

《ASPARA0199/18 号皇室令》

CHINA

Law of the People's Republic of China on Protection of Cultural Relics （Revised in 2017）

Regulations for the Implementation of the Law of the People's Republic of China on Protection of Cultural Relics (Revised in 2017)
Regulation on Protection of Famous Historical Cities, Towns and Villages 2008
Urban and Rural Planning Law 2007
Law on Intangible Heritage Conservation 2011

中国

《中华人民共和国文物保护法》（2017 年修正）
《中华人民共和国文物保护法实施条例》（2017 年修正）
《历史文化名城名镇名村保护条例》（2008）
《城乡规划法》（2007）
《中华人民共和国非物质文化遗产法》（2011）

COOK ISLANDS

Cultural and Historical Places Act
Te Reo Maori Act

库克群岛

《文化和历史场所法案》
《蒂雷欧毛利法案》

INDONESIA

Act No. 22 on Decentralization
Compilation of Law and Regulation of the Republic of Indonesia Concerning Items of Cultural Property
Indonesia Charter for Heritage Conservation
Law No. 11/2010: Items of Cultural Property
Law No. 26/2007: Spatial Management
Law No. 28/2002: Building Construction
Govt. Regulation 15/2010: Spatial Management
Govt. Regulation 26/2008: National Spatial Plan

印度尼西亚

《第 22 号分散化法案》
《印尼关于文化遗产的法律法规汇编》
《印尼遗产保护宪章》
《第 11/2010 号法律：文化遗产》
《第 26/2007 号法律：房屋建造》
《第 28/2002 号法律：特别管理》
《第 15/2010 号政府法规：特别管理》
《第 26/2008 号政府法规：国家空间规划》

JAPAN

Ancient Capital Protection Law 1966
City Planning Act 1919
Historic City Preservation and Restoration Act 2008
Landscape Law 2004
Law for the Protection of Cultural Properties
Law on the Promotion of International Cooperation for Protection of Cultural Heritage Abroad
Protection Law 1950

日本

《古都保护法》（1966）
《历史城市保护和修复法案》（2008）
《景观法》（2004）
《文物保护法》
《推动国外文物保护的国际合作法》
《保护法》（1950）

LAO PDR

Decree of the President of the Lao People's Democratic Republic on the Promulgation of the Law on National Heritage
Décret sur la conservation du patrimoineculturel, historique et naturel national

老挝

《关于颁布国家遗产法的总统令》
《国家文化、历史和自然遗产保护条例》

MALAYSIA

Laws of Malaysia: Antiquities Act No.168
Laws of Sarawak: Sarawak Cultural Heritage Ordinance
Local Government & Housing Act
National Heritage Act 2005

马来西亚

《马来西亚法律：第 168 号文物法案》
《砂拉越法律：砂拉越文化遗产条例》
《地方政府和住房法案》
《国家遗产法案》（2005）

MONGOLIA

Law on Protecting Cultural Heritage

蒙古

《文化遗产保护法》

MYANMAR

The Antiquities Act 1957
The Protection and Preservation of Cultural Heritage Regions Law
Law Amending the Protection and Preservation of Cultural Heritage Regions Law

缅甸

《文物法案》（1957）
《文化遗产地区保护和保存法》
《修改文化遗产地区保护和保存法的法规》

NEW ZEALAND

Building Act 2004
Conservation Act 1987
District Plans under Resource Management Act
Heritage New Zealand Pouhere Taonga Act 2014
Historic Heritage Regional Policy Statement Provisions
ICOMOS New Zealand Charter
Resource Management Act

新西兰

《2004 建筑法案》
《保护法案》（1987）
《资源管理法案的地区规划》
《新西兰文化遗产法案》（2014）
《历史遗产地区性政策声明规定》
《新西兰 ICOMOS 宪章》
《资源管理法案》

PHILIPPINES

Background on Cultural Heritage Law of Philippines and Presentation of the Different Cultural Institutions and Actors
Collection of Philippine Cultural Laws
National Cultural Heritage Act of 2009 (Republic Act No. 10066)
Presidential Decree No. 75617 (1975)

Presidential Decree No. 150518 (1978)

菲律宾

《菲律宾文化遗产法和不同文化机构和行为方保护的背景》
《菲律宾文化法律汇编》
《国家文化遗产法案》（2009）
《第 75617 号总统令》（1975）
《第 150518 号总统令》（1978）

SINGAPORE

Preservation of Monuments Act
National Heritage Board Act N.13 of 1993
Planning Act 1989
Urban Redevelopment Authority Act

新加坡

《纪念物保存法案》
《第 13 号国家遗产委员会法案》（1993）
《规划法案》（1989）
《城市重建局法案》

SOUTH KOREA

Cultural Heritage Protection Act 2012
Enforcement Decree of the Cultural Heritage Protection Act (wholly amended by Presidential Decree No.20222, Aug.17, 2007)
Landscape Act 2008
National Land Planning and Utilization Act 2012
Special Act on the Preservation and Promotion of Ancient Cities 2011
Protection of Cultural Properties Act
The Cultural Heritage Protection Act (wholly amended by Act No.8346, Apr.11, 2007)

韩国

《文化遗产保护法案》（2012）
《文化遗产保护法案执行令》（由第 20222 号总统令修订，2007）
《景观法案》（2008）
《国家土地规划和使用法案》（2012）
《古城保护和提升特别法案》（2011）
《文化遗产保护法案》
《文化遗产保护法案》（由第 8346 号法案修订，2007）

THAILAND

Act on Ancient Monuments, Antiques, Objects of Art and National Museums 1961 (amendment 1992, which is called “Monument Act”)
Building Control Act 1975 (amendment 1992)
City Planning Act 1975 (amendment 1992)
City’s Cleanliness and Orderliness Act 1992
Enhancement and Conservation of National Environment Quality Act 1992

泰国

《古迹、文物、艺术品和国家博物馆法案》（1961）（1992 年修订为“纪念物法案”）
《建筑控制法案》（1992 年修订）
《城市规划法案》（1992 年修订）
《城市整洁法案》（1992）
《国家环境质量改善和保护法案》（1992）

TIMOR LESTE

National Cultural Policy
Governmental Resolution No.25/2011 Related to the Protection of Cultural Heritage

东帝汶

《国家文化政策》
《政府关于文化遗产保护第 25/2011 号决议》（2011）

TONGA

Polynesian Heritage Trust Act

汤加

《波利尼西亚遗产信托法案》

VIETNAM

Decree 92/2002 on Detailed Regulations to Implement Some Articles of the Law on Cultural Heritage
Law on Cultural Heritage 2001
Law on Tourism 2005

越南

《关于某些文化遗产法规定实施细则的第 92/2002 号令》（2002）
《文化遗产法》（2011）
《旅游法》（2005）

附录 B
图片来源

图 2-1 作者拍摄

图 2-2（a）https://cdn.pixabay.com/photo

图 2-2（b）～（e）作者拍摄

图 2-2（f）（g）https://cdn.pixabay.com/photo

图 2-3（a）吴雨秋萧拍摄

图 2-3（b）https://cdn.pixabay.com/photo

图 2-3（c）作者拍摄

图 2-4（a）https://cdn.pixabay.com/photo

图 2-4（b）UNESCO 世界遗产中心

图 2-4（c）https://pixabay.com/zh/photos

图 2-4（d）作者拍摄

图 2-5 作者拍摄

图 3-1https://prideinputaruru.com

图 3-2（a）https://australia.icomos.org/resources/australia-icomos-heritage-toolkit/

图 3-2（b）https://australia.icomos.org/

图 3-3 https://www.environment.gov.ausystemfilesresources426e089a-b460-4e21-b613-4b86eabd3127filesheritage-strategy-apr14_1.pdf

图 3-4 http://sim.ciptakarya.pu.go.id/kotapusaka/

图 3-5 https://prideinputaruru.com

图 3-6 https://www.oursgheritage.sg/what-is-the-heritage-plan-for-singapore/

图 4-1（a）～（c）https://commons.wikimedia.org/wiki/

图 4-2（a）UNESCO 世界遗产中心
图 4-2（b）https://commons.wikimedia.org/wiki/
图 4-2（c）菲律宾维甘市政府
图 4-2（d）作者拍摄
图 4-3（a）世界文化遗产丽江古城保护管理局
图 4-3（b）～（f）《世界文化遗产丽江保护规划》项目组拍摄
图 4-4 UNESCO 曼谷办事处
图 4-5（a）～（f）作者拍摄
图 4-6（a）～（d）潮州市人民政府
图 4-7 作者拍摄
图 4-8 印尼“2025 创意经济展望和计划”工作组
图 4-9 https://pixabay.com/zh/photos
图 4-10 UNESCO 曼谷办事处
图 4-11 https://commons.wikimedia.org/wiki/
图 4-12 作者拍摄
图 4-13 作者拍摄
图 4-14 UNESCO 曼谷办事处
图 4-15（a）～（f）作者拍摄
图 5-1 UNESCO 曼谷办事处
图 5-2（a）（b）UNESCO 曼谷办事处
图 5-3（a）～（f）作者拍摄
图 5-4（a）（b）UNESCO 曼谷办事处
图 5-5（a）～（d）作者拍摄
图 5-6 UNESCO 曼谷办事处
图 5-7 https://commons.wikimedia.org/wiki/
图 5-8 https://commons.wikimedia.org/wiki/
图 5-9 中新网
图 5-10（a）（b）UNESCO 世界遗产中心
图 5-11（a）～（c）UNESCO 世界遗产中心
图 5-12（a）～（f）作者拍摄
图 7-1（a）～（f）作者拍摄
图 7-2（a）～（h）作者拍摄

图 7-3（a）～（e）作者拍摄
图 8-1（a）马来西亚乔治城政府
图 8-1（b）（c）作者拍摄
图 8-1（d）～（h）马来西亚乔治城政府
图 8-1（i）（j）作者拍摄
图 8-2（a）～（g）作者拍摄
图 8-3（a）UNESCO 世界遗产中心
图 8-3（b）～（i）作者拍摄
图 8-4（a）～（f）仰光市发展委员会
图 9-1（a）～（j）巴拉瑞特市政府

图书在版编目（CIP）数据

文化遗产推动城市可持续发展：东亚、东南亚和太平洋地区研究 / 周俭等著 . -- 上海：同济大学出版社，2021.4
ISBN 978-7-5608-9750-9

Ⅰ . ①文… Ⅱ . ①周… Ⅲ . ①文化遗产－保护－研究－世界②城市经济－经济可持续发展－研究－世界 Ⅳ . ① G112 ② F299.1

中国版本图书馆 CIP 数据核字 (2021) 第 073993 号

文化遗产推动城市可持续发展

东亚、东南亚和太平洋地区研究

周俭，[荷] 吴瑞梵 (Ron van Oers)，[罗] 克里斯蒂娜 · 亚曼迪 (Cristina Iamandi)，[罗] 萨比娜·乔博阿特 (Sabina Cioboata) 著

策划编辑　江　岱
责任编辑　江　岱
助理编辑　金　言
责任校对　徐春莲
书籍设计　张　微
出版发行　同济大学出版社　www.tongjipress.com.cn
（地址 上海市四平路 1239 号　邮编 200092　电话 021-65985622）
经　　销　全国各地新华书店
印　　刷　上海安枫印务有限公司
开　　本　787 mm× 960mm　1/16
印　　张　11
字　　数　220 000
版　　次　2021 年 4 月 第 1 版　　2021 年 4 月 第 1 次印刷
书　　号　ISBN 978-7-5608-9750-9
定　　价　88.00 元

United Nations Educational, Scientific and Cultural Organization
联合国教育、科学及文化组织
World Heritage Convention
世界遗产公约
The World Heritage Institute of Training and Research for the Asia and the Pacific Region under the auspices of UNESCO
亚太地区世界遗产培训与研究中心
ICOMOS China
中国古迹遗址保护协会

同济大学研究生教材建设项目，项目编号 2019JC08